7天,學會 低股價&小型股的 獲利倍翻法

新米太郎【編著】
恆兆文化【出版】

CONTENTS

Day **1**

倍翻達人巴菲特

Day 2

低價股魅力

Day 3

如何交易低價股

Day 4

魅力 小型股

Day 5

小型股 如何交易

Day1

倍翻達人巴菲特

1965年巴菲特以50元美金買下波克夏，
如今已數千倍漲幅!
不靠企業、不靠遺產、不靠上班，
巴菲特只靠他獨特的「買進‧持有」股票投資，
住在小鎮喝著可樂穩當的讓資產倍翻。
他的理念，
是所有股票投資者必修的第一堂課。

遇到好企業，永久持有

對於上班族來說，如果能夠在每天勤勤懇懇的工作之外，增加一份穩定的、有盼望的收入，就是投資理財的目標。善用低價股、小型股投資，只靠薪水的錢就能轉出倍翻的獲利，你或許覺得很誇張，不過，這種理想並非遙不可及。

在媒體上應該聽過主婦、學生或上班族利用股票快速賺進大錢的。一般來說，短期在股市大筆獲利的通常都採用短線交易並搭配借錢擴大信用交易。但本書則將與讀者分享另一種投資的管道:低價股與小型股。

巴菲特投資學，價值投資第一課

借由股票買賣獲得利潤，路徑有很多條，你可以選擇歷險陡峭的坡道一短線交易、當沖交易;也可以選擇上下起伏的不平路一信用交易。

如果選擇了這樣的路，在取得利潤的過程中假設從不發生意外(不過，這幾乎不可能)，這樣的道路是致富最快的捷徑。但是，對於白天工作的上班族來說，短線或當沖交易是沒辦法的，因為一般人很難同時承受兩種那麼深重的壓力(一邊要上班，一邊要執行交易)。而借錢買股票(信用交易)雖然有其好處，但投資人同時得克服貪念，並時時處在戒慎恐懼之中。當然還得祈禱不遇上像2008年金融大海嘯般難以避免的災難。

沒有一種方法是100%好，每一種投資方式都有其優缺點，但若是你希望從5萬元、10萬元——誰都能拿出來的小資金開始一步一步的投資股票，那麼，選擇以「低價股現貨投資」雖然是一條細長彎曲的道路，但是它能夠讓你相對安全的通往目的地，無論對於初學者，還是過去一直虧損的個人投資者來說，這都是一條可以簡單開始通向成功的道路之一。

在進入主題之前，本書第一天的課程先討論每位想走「務實派」的投資人必修的一堂課。華倫・巴菲特(Warren Buffett)的投資基本概念。

巴菲特的投資哲學了不起的地方在那裡呢?

這位僅僅透過「選股」就能累積財富成為全球首富(以富比士Fobes雜誌於2008年3月5日公佈的全球富豪排行榜The World's Billionaires為準)，巴菲特以其獨特的買進持有(buy and hold)方式構築了鉅額的財富。他的財富不是靠鋌而走險的短線、信用交易而來，也不是像其他富豪是透過繼承遺產或是經營企業，純粹是投資股票獲利。

一般投資人常要決定:什麼時候買?買多少?買什麼?

但巴菲特卻說，那是因為人們深信投資世界很複雜但他的投資哲學則很簡單——遇到好企業永久持有。

下一節起，我們就把巴菲特重要的投資理念用圖解方式說明。

● 世界富翁前十名

(資料來源:富比士《Fobes》雜誌於2008年公佈的全球富豪排行榜)

排名	姓名	年齡	資產	國籍	職業
1	巴菲特Warren Buffett	77	620	美國	股票投資者
2	卡洛斯Carlos Slim Helu & family	68	600	墨西哥	墨西哥電話公司董事長
3	比爾蓋茲William Gates III United States	52	580	美國	微軟創辦人
4	拉克希米·米塔爾Lakshmi Mittal India	57	450	印度	印度 Mittal 鋼鐵公司執行長
5	穆克什·安巴尼 Mukesh Ambani India	50	430	印度	信誠工業(Reliance Industries)第一大股東兼首席行政官
6	安尼爾·安巴尼 Anil Ambani India	48	420	印度	石化業鉅子 (穆克什·安巴尼的弟弟)
7	英瓦爾·坎普拉德 Ingvar Kamprad & family Sweden	81	310	瑞典	IKEA的創辦人
8	辛哈KP Singh India	76	300	印度	地產大亨
9	奧列格·德里帕斯卡Oleg Deripaska Russia	40	280	俄羅斯	實業鉅子
10	卡爾·阿爾布雷希特Karl Albrecht Germany	88	270	德國	Aldi(連鎖超市)的創辦人之一

> 只進行股票投資，也能成為全球大富翁！

Key-Word

現貨投資

買股票可以選擇採用信用交易(前題是必需先開立信用交易帳戶)或是用現金買進。現貨投資指的是沒有向證金公司融資借款買股票，而是用現金買進股票。用現金買進的股票，又稱「現股」。

買進的是企業，不是股票

首先，先了解巴菲特被稱為最強投資家的理由。

波克夏BERKSHIRE公司原本是一家很小的纖維公司。1965年巴菲特將其收購。之後，巴菲特領悟到纖維產業沒有未來，於是將該公司變成了現在所説的「控股公司」、「投資公司」。

然後，巴菲特開始投資保險和銀行業，用獲得的利潤進一步投資報社、保險公司、銀行。

讓資產飆漲數千倍的股票投資

結果，該公司成為大量持有股票的一流企業，無人不知、無人不曉。更叫人讚嘆的是波克夏的股價也不斷上漲。1965年，巴菲特買進該公司股票時，他以50美元的價格買進，2005年第4季度市場價格最高值是1股9萬1200美元，是原來的2764倍！

這樣的成績相當傲人。

如果把巴菲特的操作績效跟美國500家主要企業構成的代表性股價指數"S&P500"指數相較。同樣的1965年到2005年為止，S&P500的運用成績是年利率10.3%，而波克夏巴菲特的操作實績卻高達21.5%！

如果你在1965年向BERKSHIRE投資了1萬美元，2005年的資本就是3000萬美元以上。同樣的1萬美元如果投到S&P500，只有不到56萬，這兩者的差別很明顯。

個人投資者一般以為如果不擅長把握經濟和景氣動向、利率變化和匯兌市場，就無法進行投資。也就是説，他們認為宏觀變化對股價產生很大影響。但是，巴菲特幾乎不在意經濟統計和整體行情的變動。當然市場上會包含這些要素，但是對個別股價造成的影響並沒有想像中的絕對。

買進的是企業，而不是股票！

巴菲特的基本投資哲學就是關注個別企業的基礎條件。

也就是説，對於他來説最重要的不是市場周圍的 "外部原因"，而是能夠判斷企業本身價值的 "內部原因"。也就是説，股價反映企業的價值。企業理所當然要不斷努力以提高企業價值，而找出將來價值大幅增加的企業，並以此投資，就是巴菲特的股票投資信念。

近年對沖基金(hedge fund)在全球進行轟轟烈烈的投機活動。他們投資大量資金，強行操作市場價格，在上漲後賣掉，賺取差額利潤。這種「動」的投資變動很大，也因此，很多人認為「股票市場很複雜」，而一直被這種市場的「動」所牽引，個人投資者容易被迷惑。但巴菲特採取「靜」的投資，他的做法是 "完整的投資"。

這實際上很容易弄懂，也就是買進認為具有購入價值的企業，相較之下，這是一種簡單明快的投資方式。

● 巴菲特的投資實績與投資哲學①

*1964年在波克夏與S&P500各投資1萬美金40年後的運用實績─

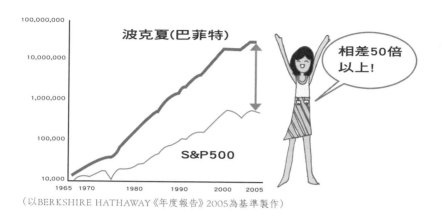

（以BERKSHIRE HATHAWAY《年度報告》2005為基準製作）

*巴菲特的簡單投資哲學①─

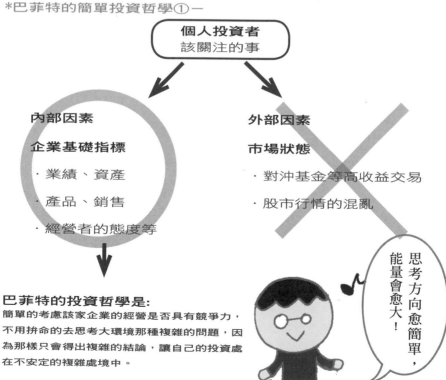

巴菲特的投資哲學是:
簡單的考慮該家企業的經營是否具有競爭力，
不用拚命的去思考大環境那種複雜的問題，因
為那樣只會得出複雜的結論，讓自己的投資處
在不安定的複雜處境中。

徹底研究企業，就夠了

想 和巴菲特一樣，不在意經濟環境數字好壞和行情，這樣要求投資人是很難做到的。在資訊社會，即使自己不去找資訊，資訊也會闖進來。

在電視、報紙、雜誌上，很多經濟評論和經濟學家都在預測股市行情和金融市場，他們真的「猜」中了嗎？幾乎沒聽說過他們按照自己說的去做，最終成為有錢人。

將市場變動關在門外

巴菲特的投資標的總是挑選那些不受短期經濟變化影響的企業，因為他認為投資那樣的企業目前的股價漲跌沒有任何意義，留意它反而是一種干擾。

如果你想成為巴菲特，嘗試體驗「不為市場所惑」的投資規則也是一種樂趣。試著不去在意報紙和電視的經濟新聞，剛開始嘗試3天，下一次1周、然後1個月……延長隔絕資訊的時間，只是簡單的持有股票看看會發生什麼事情。

如此，不就是個懶散的投資人嗎？

不是的。巴菲特認為，只要研究企業就足夠投資了。

巴菲特透過如此的方式投資，構築了鉅額財富，那是因為他對股票投資一直保持著高度熱情。這種熱情讓他總能鎖定目標進行企業調查、研究並享受選擇企業的過程。

他說，結果將成為過去，尋找投資標的時最快樂。因此，他很喜歡閱讀企業的年度報告。挑選企業，確認成長性和經營者的資質。然後判斷買進時股價是否合適。如果股價便宜，那就更好。

巴菲特好奇心強的性格也是他投資成功要素之一。他追根究底的個性使得他對投資標一定完全研究通徹，他一生都信奉「不對不知道的投資」，對於他來說，他並不對股價投資，而是對企業投資。

巴菲特在高中時代曾讀過葛拉漢(Benjamin Graham)的《聰明的投資者》，對他的理論崇拜得五體投地，後來在哥倫比亞大學聽葛拉漢的授課。課堂上有20位學生，葛拉漢和巴菲特的對答幾乎佔據了全部時間。

在證券公司擔任分析師的葛拉漢，大概是世界上最早擔任企業財務分析職務的人物，他在40歲時，與友人合著《證券分析》，明確分析了"投機"和"投資"的區別。

在書中，他提出投資是指「以徹底分析為基礎，保證本金的安全，能夠獲得滿意的分紅」，不符合這幾個特點的所有行為都只不過是"投機"。

當時，在股票市場上，沒有事先徹底分析的風氣，毫無根據的投機交易盛行。所以，葛拉漢的想法震驚了世人。

葛拉漢強調，股價本來就應該反映企業業績。從這個想法出發，當股價下跌，遠遠偏離於企業的本來價值時，應該買進股票。

● 巴菲特的投資哲學②

*巴菲特的簡單投資哲學②—

個人投資者
該關注的事

企業財報

· 業績、資產

· 產品、銷售

· 經營者的態度等

巴菲特的投資哲學是:
了解企業
發現喜歡的企業

報紙電視的財經消息和行情

· 平均股價的變動

· 專家對短期股市行情和金
  融市場的預測

不隨媒體與行情起舞將賺更多!

Key-Word

葛拉漢企業價值理論

葛拉漢主張要對企業徹底的分析。

第一,對於目標企業,要收集能夠調查到的所有因素進行整理。

第二,資訊從哪裡來呢?也就是,注重資訊的質量,判斷是否正確反映事實。

第三,思考上述的問題,決定是否有投資的魅力。

巴菲特在後期,感覺到了葛拉漢理論的局限性。他認為僅僅通過以數字判斷為主的葛拉漢理論,無法把握企業的整體情況,他開始了自己獨特的投資。不過,理論的骨架都是繼承了葛拉漢理論。

ROE和PER

葛拉漢認為,從企業業績來看,股價便宜的企業具有投資魅力。

正確判斷企業的股價是否便宜並不容易。葛拉漢指出,應該認真分析企業的資產負債表和損益表;分析企業資產和利潤、分紅的妥當性、將來的收益力,以此做為判斷標準的依據。

投資時,在一定程度上可以以ROE(股東權益報酬率)、PER(本益比)為基準。葛拉漢透過徹底的財務分析,也就是數字研究來判斷企業價值。因此,他的理論稱為「定量分析」。

安全邊際(Margin of Safety)

此外,葛拉漢也創造了「安全邊際」的概念。安全邊際指的是企業的真實價值與股價之間的"富餘"部分——股價如果低於真實價值,安全邊際高,值得買進;股價和企業真實價值接近時,安全邊際低不能買進。

用白話來說,評估企業股價時,依據經濟與產業未來、財務精算等綜合計算的結果,如果計算出這家企業每股實際價值是70元,而且設定它的安全邊際是20%,那麼這家企業的股價應該要低於56元【70元×(1－20%)＝56元】。

葛拉漢以企業的"純資產"為出發點計算安全邊際。

從現金和債券等流動資產減去借入金額等流動負債,能夠算出純粹的流動資產。如果股價遠遠低於純流動資產除以已發行股數所得數值,那麼安全邊際高。

另外,他主張「股價低於每股純資產的2/3」算是「安全邊際高,買進」。總之,他認為應該投資純資產多的企業,也就是即使減掉負債,也有資產剩餘的企業。

本益比(PER)

同時,葛拉漢認為本益比(PER)低不低也很重要。也就是股價越接近每股利潤,越能反映股價的「真實情況」,持有這種股票就越安全。

在股票市場上,投資大眾的心理比純粹的企業價值影響更大。

在下跌行情時,投資者容易傾向避免投資,因此,股價極有可能低於實際的價值;相反的,在上漲行情下,投資者投資勢頭強勁,股價多半比真實價值高。

上漲行情下,投資勢頭強勁,所以股價大幅度高於真實價值,市場過熱;如果下跌劇烈,投資者感到害怕,不斷賣出。

行情劇烈變動時,感情用事的投資者會嚴重受傷,但是如果以數字為依據,冷靜分析企業,失敗也能減少。

葛拉漢認為1.安全邊際富餘;2.本益PER低的企業是值得投資的股票。

● 基本的投資指標

路徑:(本範例台積電(2330)
奇摩YAHOO(tw.yahoo.com)→股市
→輸入股號→公司基本資料

**公式:本益比(PER)
股價÷每股盈餘**

範例:2008.10.17台積電收盤價:44.95
當天的PER=44.95÷4.68=9.6(倍)

獲利能力(97第2季)		最新四季每股盈餘		最近四年每股盈餘	
營業毛利率	45.97%	97第2季	1.12元	96年	4.14元
營業利益率	36.06%	97第1季	1.10元	95年	4.93元
稅前淨利率	37.62%	96第4季	1.31元	94年	3.79元
資產報酬率	4.90%	96第3季	1.15元	93年	3.97元
股東權益報酬率	6.04%	每股淨值:	17.11元		

**公式:股東權益報酬率(ROE)
稅後損益÷平均股東權益**

ROE是衡量公司能為股東創造利
潤多寡的指標,也就是股東每投
資1元可以享有的報酬率。

**公式:股價淨值比(PBR)
股價÷每股淨值**

範例:2008.10.17台積電收盤價:44.95
當天的PBR=44.95÷17.11=2.63(倍)

Key-Word

安全邊際應該多少?

安全邊際應該設在多少才
合理?並沒有一定,以1973年
巴菲特買華盛頓郵報為例,由
於當時美國經濟不景氣再加上
水門事件的影響當時巴菲特的
買價約華盛頓郵報內在價值的
1/5,也就是安全邊際係數高達
80%。

從素質分析個股

巴菲特還受到過一個人的影響，他就是菲利普·費雪（Philip A. Fisher）。

費雪畢業於史丹佛大學研究所，畢業後在銀行擔任分析師。在研究生階段，費雪的指導教授在課堂上帶學生訪問企業，與經營者對話。這樣的經驗使他意識到不同於葛拉漢的企業價值判別法，也就是「企業價值取決於經營者的素質」。

費雪堅信，在投資中要能獲得利潤，有兩點很重要。1.發現潛在成長力超過平均水準的企業;2.投資具有優秀經營者的企業。

費雪認為在選擇企業投資時，要關注企業的經營方法，也就是定性分析。

與其關注利潤不如看經營者態度

費雪關注的是銷售和利潤是否可以超過業界平均水平。再從其中選擇成本低，而且一直在努力改善現狀的企業。利潤率高的企業更能夠受得住經濟蕭條。除此之外，改善意識強的企業能在競爭中取得勝利，變得更強。

費雪也發現，擁有某些產品和服務，在今後幾年能夠估測大幅度銷售額增加，也是成為優良企業的條件，經營者是否具有堅定的經營方針同樣不可缺少。

為了使企業成長，經營團隊需要快速意識到顧客動向、需求變化以制定明確目標整頓市場。經營者必須為此加強研究開發，構築銷售系統。

費雪不僅以簡單的企業利潤率為判斷基準，還同時關注維持發展、不斷改善的企業態度。把所謂經營者「素質」作為選擇企業的條件。

成長率高的企業經營者，為了維持好業績，會努力與員工保持良好關係，費雪對這樣的經營者態度評價很高。

費雪所關心的企業是「質」的部份，僅僅從外部來看是無法判斷的。只能透過會計管理系統，判斷經營資源是否分配合理。

費雪的觀點與葛拉漢不同:葛拉漢認為數字最重要，而費雪認為素質很重要，很重視經營力的因素。

巴菲特從葛拉漢那裏學到了比較股價和企業價值的概念;而從費雪學到了評價經營素質。

巴菲特將這兩者結合，形成了自己的方法，因此他自己也說「我是85%的葛拉漢，15%的費雪」。

● 費雪的企業診斷法

買進前，審核你想投資的企業是:

是否是持續成長的企業

	YES	NO
銷售率是否高於業界平均水平 ⋯⋯⋯⋯⋯⋯⋯	✓	
是否留心開發新產品和提高服務 ⋯⋯⋯⋯⋯⋯	✓	
是否比業界競爭對手更有優勢 ⋯⋯⋯⋯⋯⋯⋯	✓	

是否擁有優秀的經營陣營

	YES	NO
考慮的不是自己本身的利益，而是股東的利益 ⋯⋯	✓	
員工們是否擁有熱愛公司的精神 ⋯⋯⋯⋯⋯⋯⋯	✓	

巴菲特
投資哲學 **=**

葛拉漢
利用數字
判斷企業好壞
佔 **85%**

+

費雪
判斷
經營者素質
佔 **15%**

Key-Word

定性與定量分析

葛拉漢強調定量分析，費雪則強調定性分析。但在股票價值評估時兩者是不可分割的。

成功投資股票的基本是準確預測未來，而預測未來趨勢的前提是過去歷史。

分析企業需要對企業歷史經營記錄定量分析和未來經營預測定性分析。

巴菲特恰到好處地綜合了這兩位投資大師的哲學形成了自己的投資策略。他指出，以投資為目的的評估企業的時候，總是得同時將定性和定量因素參酌考慮。當然，所有的分析師都在某種程度上混合使用了上述兩種方式，不可以採用某一種因素之後，就完全摒棄其他因素。

等待+DIY

巴菲特之所以能夠取得今天的成功,「不依靠他人,凡事都由自己思考」是重要關鍵。為什麼會形成這樣的投資風格呢?可以從他小時候的投資經歷看起——

11歲學到投資需要忍耐與等待

巴菲特的父親曾經擔任股票經紀人。在巴菲特的童年時代,父親的生意不算很成功,巴菲特在8歲就開始閱讀父親寫的股票書,11歲第一次買進了股票,當時他和姐姐一起買進了cityservice公司的股票,每股38美元。但這個股票不多久就下跌到了27美元,急躁的巴菲特在股價回到40美元時賣掉了股票。幾年後,cityservice上漲到了200美元,巴菲特很後悔自己慌張賣掉了股票。從這次事件中,他體會到了忍耐並以長期觀點持股的重要性。在那次經歷之後,他一旦購入了股票,再也不會魯莽賣出了。此外,他也確立了自己的投資哲學——如果持有真正有價值的股票,必定能夠長期創收鉅額利潤。巴菲特的股票是以10年為單位,他的投資風格屬於慢悠悠只站在長期視野觀察企業,而他也一向倡導股票如果沒有持有10年的準備,那麼,連10分鐘也不要持有。他曾形容「心血來潮進行交易的急性子等於是在股市將金錢轉讓給耐心準備的人」。

巴菲特要投資人假設一種情況來訓練自己,那就是「從買進股票的第二天,想像市場長期關閉」。

買進後的第二天,如果出現市場無法交易的情況,一般投資者必定會非常不安。但是,巴菲特建議投資人改變想法,「市場沒有了,並不代表企業也不存在了」。這樣一來,我們就不會去在意每天的股價。

每天股票的價格都在變動,但企業本身的價值並不會像股價一樣變化。如果你要進一步確認股價,應該把這個時間用在評價企業的事業上。

除了自己思考與研究,沒有捷徑

巴菲特能成功的另一祕訣是完全靠自己,他曾說「只要自己不去思考,即使結果正確,自己也學不到東西。」也就是說,不要被他人的意見所左右,要使用自己的頭腦判斷是非。對於一般投資人而言,即使自己可支配的錢不能跟巴菲特相比,但建立自己一套穩固的投資哲學是每位投資人必備。巴菲特斷言,在很多職業中,普通人比不上專家,但是投資不一樣!

任何行業,專家比業餘者有優勢,但是"投資"這件事不同,即使業餘愛好者,也能通過巴菲特一向信奉的價值投資(判斷企業價值,然後投資)這種簡單方法取得成績,而且可能比使用複雜交易系統投資的專家更好。

● 自己思考清楚，要能打破 "投資神話"

① 如果不能預測市場如何變動，就不能投資。

② 能預測未來，以此為基礎做正確投資。

⑥ 了解專家們的投資系統，才有機會獲利。

NO!

③ 集中投資風險大，所以應該分散投資。

⑤ 門外漢投資很難，應該聽取專家的意見。

④ 為獲得高收益，就一定得冒大風險。

巴菲特認為，別陷入這些投資神話，應該用自己的腦子好好思考，才是獲利的關鍵。

Key-Word

價值投資

本文所指的價值投資是葛拉漢所倡導的「股價大幅度低於企業真正價值時，買進」。

儘管如此，很多人可能會很困惑「怎樣僅僅透過自己的力量來判斷？」具體方向如下：

第一，了解會計的基礎知識，學會財報是一定要的。

第二，聽取證券公司、分析師、顧問等的意見。他們推薦的個股也有正確的資訊。

但是，不能囫圇吞棗。可以作為參考意見聽取，然後進行分析。有時候要自己調查他們熱心推薦的標的。趁股價「打折時買進」。

徹底清楚企業賺現金的方法

這裏要重申一下，巴菲特買進的不是股票，而是企業。

受了費雪的影響，他比一般投資人更注重「經營者的素質」這種非數字可以研判的細節。

選擇有價值的企業

為了買進企業，熟悉企業的經營內容很重要。有必要設置一些標準，像是業績是否穩定、今後是否可能持續成長、品牌效應是否確立等等。

受到費雪的影響，巴菲特同時還很重視企業經營者的素質。而經營者最大的責任和義務就是提高企業價值。

提高企業價值，就是判斷公司經營狀況，不斷探尋成長的動力，經營者應堅守企業經營並滿足股東要求的責任。

經營者的努力如果能使企業價值提高，將直接關係到股東利潤。企業正是因為保管股東資本，所以才能運營，企業活動的進行是為了股東、員工、客戶等利益相關人員，決不是為了經營者個人。

巴菲特相當重視經營者是否在為股東努力，他認為經營者不僅應給股東分紅，同時還要站在長期的立場上，展望企業成長。

因此，巴菲特摒棄短期利潤，最被全球投資人津津樂道的是，他非常重視由財報中所計算出的ROE(股東權益報酬率)指標，ROE的數值愈大愈穩定，就表示經營愈有效率，跟一般投資人極度在意企業「賺多少錢」的風格相當不同。

特別重視現金流量

大部份的投資人都過於重視損益表上的收益數字，不太注意賬戶上現金的多寡。也有人不能理解，已經有了資產負債表來反映上市公司的資產狀況，又有損益表來反映上市公司的經營業績，為甚麼還要編制一個現金流量表呢？

但巴菲特非常重視現金流。

他分析公司的財務報表時，最重視現金流量的計算，他稱之為業主收益，也就是現金至上。

為什麼特別重視現金？

因為現金讓公司能夠順暢繼續營運。公司無法用盈餘去支付員工的薪水，各種的開銷如水費、電話費、電費、所得稅等。盈餘不是真的錢，現金才是真金白銀，同時現金是無法捏造的，它是衡量公司財務的關鍵。

巴菲特深知資產負債表和損益表不管再怎樣有用，它們的假設和估計都會產生許多潛在的偏差，可能會造成資產負債表和損益表資料的扭曲，相比之下，採用現金流量表卻是一種可選的方案。"現金"畢竟跟"盈餘"有差別，檢視公司的現金流量表，就是間接檢查公司的銀行賬戶。

● 巴菲特特別重視企業現金的流動情況

現金流量○

營業活動、資金供應、設備投資等產生的現金流動。如果收支為正，現金增加；如果為負，現金減少。

路徑:(本範例台積電(2330)
天空財金(money.yam.com)→股市
→輸入股號→財務報報→現金流量表

台積電 2330 現金流量季報表(累計) -- 一般產業
單位：百萬元 |季報表|年報表|　　　　　　　　　　　　**最後更新日期：2008/8/26**

期別	2008 前2季	2008 第1季	2007	2007 前3季	2007 前2季	2007 第1季	2006	2006 前3季
來自營運之現金流量	96,525	54,446	174,117	117,144	69,697	35,861	196,080	146,197
投資活動之現金流量	-12,168	-7,654	-65,941	-55,084	-23,282	-13,485	-117,302	-89,491
理財活動之現金流量	-10,033	-3,344	-135,893	-85,695	-3,297	-2,763	-64,022	-64,304
匯率影響數								
本期產生現金流量	74,324	43,447	-27,718	-23,636	43,117	19,612	14,756	-7,598

現金的流入量與流出量就好像一家公司的脈搏，現金流量表顯示了一家公司的資金運用與資金來源。公司營運衰退的原因有很多種，然而，最後拖垮一切的，都是因為現金消耗完了。

Key-Word

現金流量表的優點：

一、不受非現金項目會計處理的影響。

二、代表著該年度的現金收入。

三、可以揭示出在損益表中未涉及的項目。

該買就買，該賣就賣

許多人誤會了巴菲特「買進並持有」的概念，以為他買定離手就永不脫手，錯了!在企業出現不合標準時，巴菲特會明快的賣掉，一張也不剩。

巴菲特一旦投資企業，就會一直關注該企業。即使如此，當企業的性質變化，或者經營團隊摒棄理想，或者企業周圍環境改變時，他會賣掉股票。

比如，2000年，他曾經處理了大量迪斯尼股票。原因就是迪斯尼已經不再像以前一樣製作優秀影片了，變成了一家關心IT行業的公司。加上經營陣營將巴菲特最討厭的鉅額股票選擇權送給了自家人。不知什麼時候，迪斯尼已經不再是符合巴菲特標準的公司了。

投資是永久，但不合標準時，賣

巴菲特會在如下情況下處理股票。

首先，就像剛才所說的迪斯尼一樣，企業在不符合他的投資標準時，賣掉。

其次，發現了比現在持有股票更有優勢的投資標的，他也會考慮賣掉手頭的股票，將出售獲得的資金用於投資更有優勢的物件，這種理智的作法，是一般散戶投資人必定要銘記在心的。但不同於巴菲特的是，一般投資人的資金沒有巴菲特那麼雄厚，而事實上，這種為了買進更值得投資的股票而賣掉手中持股的現象巴菲特也只在初期用過，現在他的資金很豐富，所以不怎麼用了。

當然，即使是投資大師也有看錯的時候，當巴菲特買進後意識到自己犯錯時，也是會毫不猶豫的斷然賣出。

巴菲特對於出錯時的賣出非常合理而明確，不被感情所左右。並且一貫堅持自己所定的規則。

投資最大的敵人是自己

然而，一般投資者通常沒有明確的標準。買進股票之後總是不斷的把目標放在行情漲跌而非企業本身的「經營品質」上面，如此往往越讓人感到不安。人一旦擔憂加重，就無法正確判斷。

比如，如果手頭上的股票暴跌，有人會立即陷入不安，即使知道賣了就虧損，也會想賣掉。或者，出現利潤後，一直擔心不知什麼時候會下跌。

一般投資者為什麼會因為持有股票而時時不安呢?

一個重要的原因是投資人本身尚未建立自己明確的投資哲學和判斷標準。如果感到不安，首先應該再次評價該企業的長期基礎指標和業績。如果判斷賣出比較好，可以立刻賣出。

葛拉漢曾說:「投資最大的敵人是自己。」一般投資人若能好好的想清楚這一層道理，就會在投資的基礎標準上打下牢牢的一樁，將來要建立自己的交易獲利模式是很重要的。

● 有效的 "賣掉" 戰略

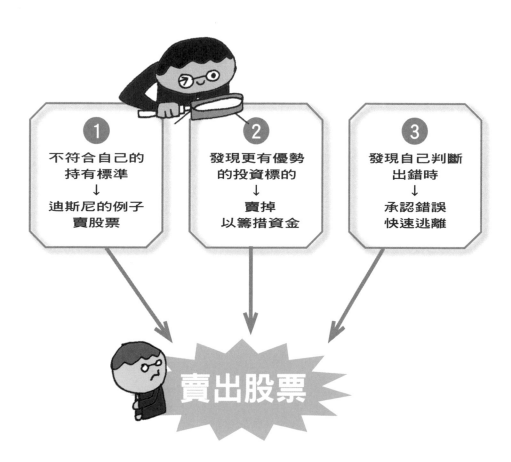

①
不符合自己的
持有標準
↓
迪斯尼的例子
賣股票

②
發現更有優勢
的投資標的
↓
賣掉
以籌措資金

③
發現自己判斷
出錯時
↓
承認錯誤
快速逃離

賣出股票

Key-Word

股票選擇權
給予公司職員該公司股票
購入權。相當於第二獎金。

拿手領域之外絕不出手

很多人認為，為了獲取像股票這樣的利潤，冒險是一定要的。不過對於巴菲特來說，股票投資是對企業的投資，絕對不是賭博。因此，他只對自己瞭解的企業投資。他說「與其要辛辛苦苦的從投資錯誤的麻煩中擺脫出來，還不如一開始就不要靠近。」

本文，看看巴菲特是怎麼思考？怎麼執行的？

只做:集中+拿手的領域

集中在拿手的領域，就像巴菲特所說:「重要的是在自己的地盤上一決勝負。這個地盤有多大不重要，重要的是它界限有多清晰。」換言之，就是嚴格挑選投資標的的同時，也很明確自己的投資目的。

巴菲特的思考方法——

① 瞭解自己對什麼感興趣?對什樣的企業投資會感到滿足？

② 對企業與市場，自己瞭解什麼？

③ 今後自己想知道什麼？

以上三點如果回答得連自己都聽不懂，最好暫時放棄投資。等能夠具體回答後才開始投資。

為了獲利，明確自己的投資範圍不可或缺，而且也要堅持不涉足自己沒有把握的領域。

即使是巴菲特，如果讓他預測所有股票的變動也必定會閉口無言。

但是，如果是關於他研究過而且是他感興趣的企業，準確率則高得令人吃驚。

他經常把自己的投資方法比做棒球。股票市場這個「投手」會不斷向站立在擊球區的投資者投擲股票，以吸引人們出手打擊。但投資人要假設，在打擊區自己只有20次揮棒的機會。既然機會有限，打擊手站立在擊球員位置之前，要先設定好自己只打什麼球。如果能夠弄清楚自己拿手的球路並選擇性揮棒，漂亮打擊的機率就會提高。

保證本金安全是第一重要的事

任何情況下都不能出現損失，是巴菲特的另一個信條。但是，說起來容易做起來難。很多普通投資者太貪心，一心想要賺大錢，結果連本金都保不住。

所以安全是投資前第一考慮，換言之保住本金是增加資產的大前提。

比如，假設投資失敗，失去了本金的一半。為了取回失去的部分，就必須讓獲利加倍才能補回損失。如果以平均20%的高利率計算，要補回原先損失一半的資產需要四年時間。眾所周知，保證平均20%的報酬率並不容易。

說到「保證本金」，投資人可能會不知所措。一直以來，大家都認同收益伴隨著風險，能夠優先保證本金嗎?這當然要有巴菲特研究的精神與投入，初學者也可以先從ETF指數型股票基金開始學習(見次頁KEY WORD)。

● 避免損失，要等待目標出現才行動

股票市場

不同企業、不同經濟景況、不同行情

忽略

忽略

忽略

忽略

忽略

忽略

> 只有市場投出自己滿意的球再出擊，像巴菲特的投資，一年一次也就夠了。

確認自己的投資標準，只選合於自己標準的出擊！

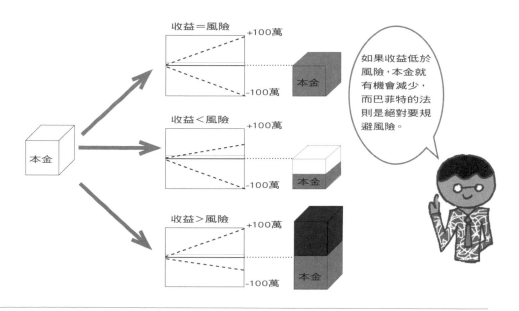

股票市場

第一重要的是保證本金不失損失！

本金

收益＝風險
+100萬
-100萬
本金

收益＜風險
+100萬
-100萬
本金

收益＞風險
+100萬
-100萬
本金

> 如果收益低於風險，本金就有機會減少，而巴菲特的法則是絕對要規避風險。

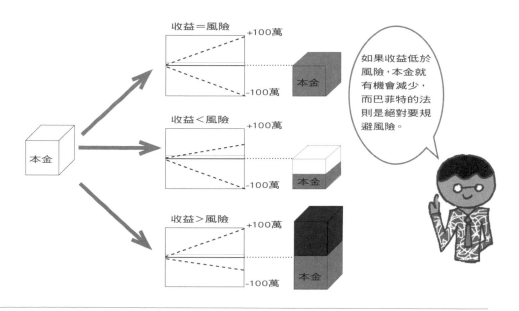

讓投資有充裕的安全富餘度

一般認為，追求高報酬必伴隨高風險，換句話說，如果希望得到高收益，如此冒高風險也沒關係……。如果認同這個邏輯，投資人可能會把資金放在未來獲利可能很好，但不能確保本金安全的股票。

但是，從巴菲特的投資角度來看，這是不正確的方法，他非常討厭風險！他拼命的尋找規避風險並能提高收益的方法。他曾說「在我的字典裏，沒有風險的概念」。之所以能夠這樣說，因為對於巴菲特而言，風險是可以測量的，可以規避的。

選擇安全富餘度高的企業買進

就連巴菲特這樣的投資達人，從種類繁多的股票中尋找「安全可靠」的標的也不容易(所以，他的持股種類一向不多)。因此，他只投資符合自己哲學的股票。

他在進行投資時，首先考慮投資是否可靠。他所謂的「可靠」就是以低價買進健康、有魅力的公司，如果能夠集中投資可靠企業，就能減少風險。他以前文提過的安全邊際為依據管理風險、降低風險。也就是求取最高的安全富餘度，當企業的真實價值和股價相比「安全富餘度」愈高，就愈具有買進價值。

這就像一位長年駕駛汽車的人，總能培養迅速判斷危險的敏感度，也懂得眼前出現危險時怎樣對應，為了回避風險，無意識中就採取了最合適的行動。

股票投資也一樣，隨著不斷積累知識和經驗，就能提高對市場的瞭解程度，預測是否危險，判斷哪裡危險。如果能夠回避危險，集中在安全的部分進行投資，就能降低風險。

風險，來自不了解自己在做什麼

還有一些對風險的誤解。比如，採取短期交易者認為，在遭行情急速下挫時，採短線交易能夠立刻停損賣掉，風險比較小。

事實未必如此。

普通投資者通常在股價下跌後感到不安，多半會賣出。但是，等到價格再次上漲後，又會慌忙買回。因為自己沒有明確的方針，所以受到行情動向的擺佈。

但是，如果反復這樣，最終只不過是花費了一大堆手續費和差額損失。如果是長期投資，就沒有必要在意眼前的股票動向，還可以把時間用在選擇其他股票上。

此外，巴菲特一直採現貨交易，並且不碰衍生性金融商品，尤其像期貨價格變動劇烈，必須經常關注行情。這樣一來，就沒有時間去尋找其他有希望的股票。總之，如果能夠買進安全富餘度高的股票，就不易產生風險。

● 回避風險的構思方法

START→ 在這裏總結了預測風險、回避風險的法則。

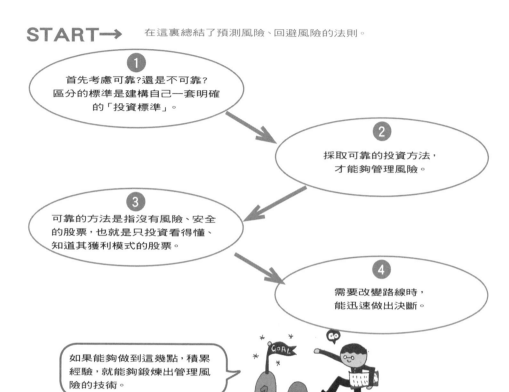

① 首先考慮可靠?還是不可靠?
區分的標準是建構自己一套明確的「投資標準」。

② 採取可靠的投資方法,才能夠管理風險。

③ 可靠的方法是指沒有風險、安全的股票,也就是只投資看得懂、知道其獲利模式的股票。

④ 需要改變路線時,能迅速做出決斷。

如果能夠做到這幾點,積累經驗,就能夠鍛煉出管理風險的技術。

Key-Word

ETF指數型股票基金

ETF指數型股票基金,是一種兼具股票、指數基金特色的金融商品──指數漲多少,ETF就漲多少。此外,ETF雖然是基金的一種,但它跟股票一樣在交易所掛牌買賣,與一般上市櫃股票相同,買賣方便。

股票投資的新手並不一定從一開始就能遇到自己想買的企業。這種情況下,可以嘗試ETF。不過,巴菲特並不建議這種交易方式。但新手從投資ETF可以感受整體股市平均的變動。習慣之後,再進入個別股票選擇,也是方式之一。

市場恐懼時,貪婪買進!

葛拉漢曾說:「股價變動只教給我們一件事情,那就是暴跌時買進,暴漲時賣出。」當市場暴跌時,受到周圍影響而賣出股票就跟掐自己的脖子無異;這句話同時也告誡我們,在過熱行市下買進價格高的股票很愚蠢。

巴菲特忠實的堅守這個原則。

人類的感情往往會超過理性。在市場上,人的貪婪和恐懼被行情左右,結果使行情出現大幅變動。此時很多人會無視企業的基礎指標,人的心理使得股價到達遠遠偏離於真實情況的高價或低價。

巴菲特將這樣的行情變動用擬人化的手法,稱之為"Mr.market"。這是象徵市場反復無常的詞語,反映投資者和市場情緒。巴菲特一貫主張行情本來就是reasonable(合理的),股價最終由企業收益和未來性決定,即使會擾亂投資者心理,但總有一天會平息在應該穩定的水準。感情用事、被周圍的熱情影響的人,原本就不適合投資。

頻繁的買賣必定會減少財富

總之,不要捲入周圍的感情漩渦,以數字為依據認真分析企業,就能夠進行合理正確的判斷。

巴菲特的行動哲學很簡單。等待股價下跌到自己認為合適後買進。如果進一步下跌,再繼續增加買進,如果轉入上漲就靜觀情況,僅此而已。不過,要投入實踐需要勇氣,需要不被每天市場變動誘惑的忍耐力。而巴菲特只有在認為「就是這裏」時候才行動,他在這方面是做得最成功的人。

市場低靡時才是機會

普通投資人在股價下跌後對自己的研究信心動搖,明知道有損失仍從市場中逃出來。但是,巴菲特歡迎股價暴跌。因為會出現買進機會。

實際上,在行情暴跌,大量優良企業股被賣出時,他則買進。

相反的,行情絕佳人人都想買進時,巴菲特會往後退,在一邊觀望。

60年代,美國的股票市場掀起了一陣泡沫。門外漢都進入市場,股價急劇上漲。當時,巴菲特在一旁不做聲。股價偏離本來的價值,與業績沒有任何影響一直在上漲。

不久進入70年代,行情暴跌,呈現有如宴席之後的狼藉景象。投資者陷入不安,連優良股也賣出了。巴菲特就在那時行動起來。他自己進行調查,大量購入認為是優良股的股票。華盛頓郵報和GEICO就是當時買進的。

說起來,巴菲特的行動與行情正好相反。行情過熱時,他很安靜。人們都不安的拋售股票時,他則不斷買進。

● 巴菲特發現便宜股的方式之一

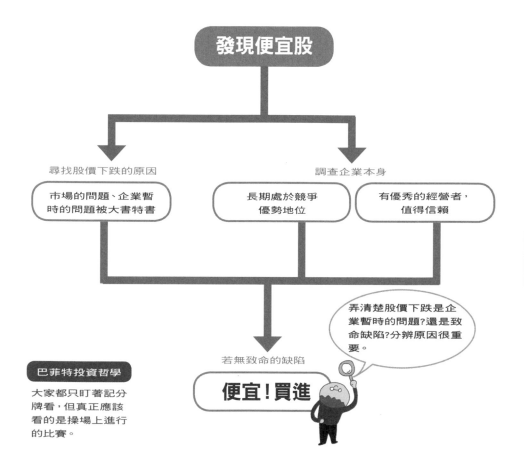

發現便宜股

尋找股價下跌的原因

市場的問題、企業暫時的問題被大書特書

調查企業本身

長期處於競爭優勢地位

有優秀的經營者，值得信賴

若無致命的缺陷

便宜！買進

弄清楚股價下跌是企業暫時的問題?還是致命缺陷?分辨原因很重要。

巴菲特投資哲學

大家都只盯著記分牌看，但真正應該看的是操場上進行的比賽。

Key-Word

市場低迷時才是機會

1973年，華盛頓郵報下跌到了每股6美元。後來股價上漲到了原來的數百倍，正印證了：優良企業股價如果下跌，才能輕易買到便宜貨。

GEICO也一樣，在76年，該公司被指財務基礎弱，股價從61美元下跌到了原來的三十分之一。巴菲特認為該公司比其他保險公司擁有更有優勢的事業，他對經營者的素質也有好感，認為公司絕對不會就這樣一蹶不振，於是投入了4600萬美元。不久，對該公司的評價恢復，就像巴菲特所想的那樣，原來的4600萬美元變成了數億美元。

從以上例子中可以知道，企業由於某種原因出現問題時，股價下跌。但是，如果這家企業有內在的價值，不久就會恢復信譽，股價將轉入上漲。

鍾愛已構築高門檻的企業

見樹不見林，本來是用於貶義，但巴菲特卻相反，他則重視樹木不理會森林!用個比較誇張的比喻，就算美國總統在他耳邊偷偷告訴他長期經濟預測，他將連頭也不回的繼續埋頭分析企業。巴菲特認為分析企業是投資的王道，如果兼顧長期預測這些多餘的東西，容易判斷錯誤。

比如，已收集目標企業的資訊，決定要投資。但是，由於把注意力放在長期經濟預測和市場動向上，就會因害怕而不買進，最終後悔的是自己。

當然，巴菲特並不是不會去看經濟動向。2001年，紐約發生恐怖事件，股票市場受到影響。但是，他當時很冷靜並宣佈「如果大幅度下跌，將會買進」就像預言所說的，3年後市場恢復，S&P500指數刷新了史上最高值。

關注不敗的商標與其共同點

那麼，什麼企業才值得買進呢？

那就是擁有長期穩定的業績，能夠預測今後也會繼續成長的企業。

以巴菲特的選股特質，他偏好尋找絕對可靠的「特權企業(franchise)」

也就是一般消費者會不加思考就放入購物籃的商品，而且是從過去到現在、未來都會壓倒其他公司的產品。

特權企業的特點－－
①任何人都需要的產品和服務。
②即使不再投下大規模資本也能生產。
③目前還沒有出現替代品。
④不會捲入價格競爭的品牌。

市場在任何時候都需要這些產品和服務，他們擁有超群的競爭力，利潤也高。如果處於優勢地位，擁有獨特的產品，就等同沒有競爭對手。

例如從70多年前開始的See's Candies，該公司的巧克力和糖果就是人氣商品，雖然價格比超市的折扣商品高，但是消費者還是會指名買See's。這樣的產品不易捲入價格戰。

與特權企業正好相反的是任誰都能簡單製造的商品，例如原油、鐵，鋁、銅等非鐵金屬，小麥和咖啡等規格也很統一，很難有自己的特徵。而且這些商品必須符合市場價格。也就是説，產品和價格沒有獨特風格，而且一旦供給過剩就會被殺價。另外，這一類產品從哪裡買進都沒有太大區別，買方能夠提出嚴格的價格要求。

這些企業想要生存下去，需要看清今後的供需關係動向，進行與之相對應的設備投資和生產調整。但是，在競爭激烈的時代，要想期待高效的成本效果並非易事。

這個領域會有很多新的參與者加入，會反復頻繁的打降價戰，除非非常有特色，才不會捲入劇烈競爭，所以，投資人要一再確認新生產方案不輸給新參與者的產品開發，才能做為繼續持有股票的理由。

● 巴菲特的理想企業

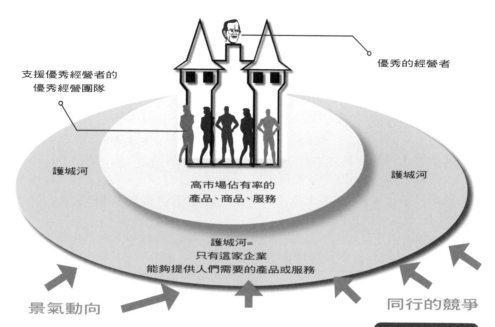

支援優秀經營者的
優秀經營團隊

優秀的經營者

護城河

護城河

高市場佔有率的
產品、商品、服務

護城河＝
只有這家企業
能夠提供人們需要的產品或服務

景氣動向

同行的競爭

巴菲特投資哲學

「我理想中的企業
周圍有很深的護城
河保護，具有堅不
可摧的城堡。」

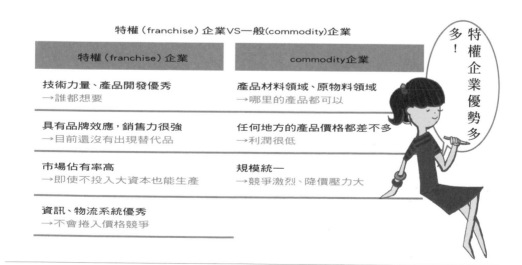

特權（franchise）企業VS一般(commodity)企業

特權（franchise）企業	commodity企業
技術力量、產品開發優秀 →誰都想要	產品材料領域、原物料領域 →哪里的產品都可以
具有品牌效應，銷售力很強 →目前還沒有出現替代品	任何地方的產品價格都差不多 →利潤很低
市場佔有率高 →即使不投入大資本也能生產	規模統一 →競爭激烈、降價壓力大
資訊、物流系統優秀 →不會捲入價格競爭	

特權企業優勢多多！

選擇有信心的股票集中投資！

一般投資人認為持有幾種不同股票能夠分散風險，但是，巴菲特認為集中投資風險更小。

集中投資的好處

比較一下兩種方式：一種是50種股票的分散投資；另一種是5種股票集中投資。假設其中一種股票價格上漲到原來的2倍。分散投資由於有50種，所以整個投資案價值只上漲2%。

但是，集中投資的整體價值上漲20%。

如果你期望在分散投資中獲得20%的上漲率，50種分散投資中的10種股票必須上漲到原來的2倍。

5種股票中有一種上漲到2倍，與50種股票中10種上漲到2倍相比，當然前者可能性更高。

這裏還有一個問題：在50種股票中發現40個安全股票，與5種股票中尋找4個安全股票相比，哪個更簡單？

答案是後者。

巴菲特曾經實際調查過集中投資和分散投資哪個利率高，結果發現集中投資利率遠遠高出很多。

集中投資需要集中資金，當然收益也大。不過，集中投資更重要的是投資的效果。

從多數中選出最合適的股票需要很多時間。做任何一件事情都是一樣，如果不周密計劃、運籌帷幄，風險會增大。一般人能夠投入的資金量和調查時間並不多。如果再採用分散投資，每檔股票的投資額和利潤率以及花費的調查時間都會變少。

以巴菲特而言，他自陳總是嚴格挑選5到10種股票，徹底投入時間與資金。

新商業特有的失敗風險

除了集中投資與前一節提到的偏好特權企業外，巴菲特也特別喜歡踏踏實實營業的企業。理由是容易把握營業情況，能夠預見收支狀況。此外，他幾乎不買電子產業、生物科技的股票，尤其是那種宣稱可能會改‧變‧世‧界的新技術或產品。

他認為即使某個產品有改變世界的潛力，但是這個企業是否能夠繼續保持競爭優勢還是一個疑問。

也就是說，具有"改變世界"魅力的新商業，可能在最初會取得轟轟烈烈的成就，但失敗的危險性也很高，這是巴菲特的哲學。

除了這個原因之外，巴菲特自己對高科技不熟悉也就是原因之一。即使事實是高科技股一律上漲，其他的投資人獲得巨大利潤。

但是，他不在乎！

他仍堅持自己的理念－－

不對不熟悉的領域投資。

● 提高選對股票機率應考慮——

1 獲利模式看得懂，
且有數據可供進行長期預測。

2 投資所謂的"老經濟"。
10年以後也能夠同樣穩定。

3 選擇不會因為出現新的競爭對手，
就"跌倒"的企業

【巴菲特投資哲學】

為什麼巴菲特不喜歡高科技股？

變動劇烈的高科技股，無法讀出做為投資標準的現金流量，也就是無法明確預測企業將怎樣提高利潤。

巴菲特說:「不要靠近看似能夠讓你輕輕鬆鬆賺錢的企業。只要無法明確預測企業如何提高收益，就值得懷疑。」

他同時還很重視「自己知道什麼」。因為不瞭解而放棄，有時候也很可惜。那時，他會盡可能努力擴大瞭解的範圍。然後在瞭解了的範圍中投資。已經努力卻無法瞭解的部分，就暫時放棄。

因此，巴菲特投資向來不著急。他抱持著:「弄清楚是否真正是有價值的企業後再投資也不遲。如果是真正有價值的企業，股價應該會進一步上漲。這時再買進完全來得及。」

巴菲特犯錯時

1988年，巴菲特原本打算投入3億5000萬美元買進聯邦住宅抵押。但是，在買進了700萬股後，股價開始暴漲。討厭投資猛漲的巴菲特中斷了收購並賣掉了已經買進的700萬股。但之後聯邦住宅抵押持續上漲，如果當時忍耐下去，將會獲得20億美元的利潤。

巴菲特沒有忘記那次錯誤。1993年，他大量購買了可口可樂的股票，在不斷買進的過程中股價暴漲，但是，這次他沒有賣掉可口可樂。

事實上，巴菲特也犯過很多錯誤。只不過他發現錯誤趁傷口沒有擴散的時候就會停損。

投資不再迷惑的7個習慣

巴菲特一旦決定了買進、賣出，就會毫不猶豫的付諸行動。那是因為他有明確的投資標準。

但是，普通投資者很難像他那樣做出決斷。

好的交易習慣是獲利關鍵

「可能還會漲一點」

「等明天、等再下跌一點」……

有時以上的判斷是正確。

但是，一旦養成對股價搖擺不定的惡習，多半都會導致負面結果。

選股也同樣如此。

很多投資者經常猶豫這個股票真的好嗎?一旦產生了懷疑，投資者容易採取觀望態度。或者減少最初準備買進的數量，考慮視情況增加買進。但是，能夠讓他們買進的機會不再光臨。

還有人一直猶豫要投入多少資金?

投資，只要不採取行動，就不會獲得任何結果。

巴菲特剛開始也是這樣。但是，經驗改變了他。不久，他就能夠在短時間判斷新的投資計劃和現在持有股，哪個較有優勢。

如果認為新投資更有優勢，他就不會猶豫。他說「不能猶豫，時間越長，心中盤踞的"疑雲怪物"將長得越大，讓我們越難判斷。」

要去除投資時的"疑雲怪物"，需要養成投資好習慣。為此，請回答右列巴菲特實踐的各項問題。

全部回答是的人，已經到達了投資達人領域。

另外，也建議投資人把①-⑦中回答否的各項寫在紙上，不斷告誡自己。養成有意識的行動習慣。

認真的散戶勝過法人

很多人都誤解，在股票市場上散戶一定贏不了法人，所以經常會出現跟著法人走的情況。

投資事業不同於其他，散戶反而有絕對優勢。因為投資法人必須每三個月向投資人報告，但個人投資者可以按自己節奏不慌不忙的選擇，長時間持有。

法人投資者不得不經常在意眼前的成績，因為投資人並不都會願意等待長期結果。

所以法人若不保證短期利潤，就有可能失去資金。為了留住顧客，法人不得不採取近視眼式的投資方式。在這一點上，個人投資者不同，個人投資者能夠自己判斷買賣時間，沒有一定的期限要求提高利潤。能夠像巴菲特一樣不慌不忙的選擇商標，長期持有。

個人投資者能夠從長期的角度考慮，不會因為暫時的股價下跌陷入恐慌。

● 投資猶豫時的最終確認表

		YES	NO
①	你是否對該企業有充分調查過的把握？		
②	是否按照自己的投資標準，自己決定？		
③	是否不對自己不瞭解的企業進行投資？		
④	是否分析金融資訊，確立自己的標準？		
⑤	是否不被股票專家的意見左右？		
⑥	即使股價低迷，是否仍會判斷出企業真正的價值而不會一直等待？		
⑦	是否不被周圍的氣氛所左右？		

Key-Word

模仿巴菲特好嗎？

巴菲特的投資是很美好的，只是沒有一個人可以完全模仿另一個人的操作方式。最重要的還是要找出自己的風格。

Day2

低價股魅力

有人稱之為破爛股的低價股那裡值得投資呢?
簡單來說,
當熱錢湧入,
股市處於大多頭行情,
它是最受青睞的股票類種。

接受「忍功」操練，成就倍翻夢

第一天，我們採用即使是新鮮人也能看得懂的方式把投資大師巴菲特的交易概念講解一遍，做為投資基本功。第二天起的課程就要進入主題。首先以散戶投資人李大華(化名)的投資歷程為範例——

追漲殺跌的散戶宿命

李大華在10年前投資股市，一開始就跟其他新手的投資手法一樣，每天買進的是前一天上漲率排行榜的前幾名，當時他並沒有清楚的交易邏輯與自己的風格，也不區分什麼長期投資、短期投資「反正，看到新聞講那一檔個股好、那一個產業有未來，且股價也真的上漲了，就跳進去買」李大華說。

結果呢？

那種屢敗屢戰的感覺很像在賭博，但是「我無法從買進賣出的模式中走出來。十次中確實會有1、2次漲停，甚至連莊大賺一筆。

我無法忘卻當時的興奮和快感，所以5年來都沒有停止買進。如此自以為很聰明的"投資"了幾年，不但沒有賺錢，資金反而減半。」

學習巴菲特邏輯:低買高賣！

由於一直虧損，李大華已經自信全無。於是，開始根據電視投顧老師的推薦買賣。有一天，一位投顧老師推薦了一檔並不怎麼有名的個股，投顧老師的理由是根據財報的營收成長、毛利高於同業、產業前景好，他建議投資人22元買進上看50元!

李大華回憶:「當時，我從沒持有一檔投票超過半年，也沒有買過股價成長一倍獲利了結，但那一次，我想忍耐試一試是否真會出現那種股價倍翻的情況。於是，我像往常一樣出擊買進了。之後，股價好幾次漲至山峰又跌至谷底，最後在50元賣出。在這一年的時間裏，我一直默默忍耐，這個過程真是難熬!」

慣於毫無章法隨性買賣，看到股價達到高價後調整（處於上漲基調的行情，小幅回落），李大華一直擔心股價會下跌到什麼程度;等到出現新高價時，他又會擔心會不會一下子獲利變為虧損。投顧老師說的50元目標對李大華而言等待太漫長、太痛苦「不過，這對於鍛煉意志是不錯的訓練。」

投資股票很容易陷入想要早日賺錢的陷阱!李大華之前急於求成，買進賣出都無法忍耐等待，所以一直陷在錯誤的投資邏輯中，在開始學習巴菲特的交易方式後，才從過去泥沼中脫身。

投資股票的基本是「等待下跌時買進，上漲後賣出！」用一句話來概括確實很簡單。

但是，如果沒有積累相當的經驗，實施起來並非易事。因為人對金錢的欲望將使一切為之混亂。

● 從山峰到谷底又到山峰的等待過程是需要操練的

Key-Word

下跌時該反問的事

　　並不是所有買進的股票下跌時都要忍，最重要的是要確認股價下跌是暫時性的問題？還是致命的缺陷？若是屬於後者，當然要溜之大吉。

低價股投資，一門學了十年的課

經過長達一年誤打誤撞的「耐性」訓練後，李大華近5年已經完全不再做短線，也完全沒信用交易。他說「現在僅靠現貨交易，平均每年都將可以將投資資金翻倍。」

這樣的台股操作成績想必所有的人都會認為「不可思議」但李大華卻表示，在剛開始投資的前5年，他總是隨著市場起舞，完全沒有自己的投資風格，後來認真的學習巴菲特的投資心法，再慢慢摸索出合於自己財力、風格與台股特性的交易方式。

近年來「我徹底進行逆勢投資+低價買進，另外還得出一個獲利的關鍵，就是投資『低價股』。一方面低價股讓投資金額翻倍的機率高;二方面，能具體的描述自己的投資風格就更能夠控制自身貪婪的欲望。」

買進和賣出都需要等待！

無論東方還是西方，股票市場總是一再出現――

成交量增加、股價上漲後，所有投資都變得很強勢，此外，還會大量的採用信用交易，但當所有投資人都變強後，市場就出現一隻有如神的無形之手做出裁決，讓情勢一變，轉為弱勢的市場，此時股價迅速下跌，所有投資者都發出悲鳴，股票被賣出……。

這種投資市場的怪圈一再重複又重複，巴菲特口中的「市場先生」往往會往上、往下走得「太超過」。

一般來講，處於跌勢中的股票就像向下落的利刀，是不能買進的。

「但是，暴跌時我必定會買進。之前的高價股會以慘不忍睹的低價被拋售，冷靜的思考一下就會明白，其實這是千載難逢的機會。股票的世界，還是那句話：暴跌和醜聞出現時，絕對要買進！」自認已經磨出超級忍功並把企業財報讀到熟透的李大華說。

留意每年翻倍的標的

不要太過貪婪而注入所有資金，應該確保在大拍賣時有資金購入。

一年內，股票總會出現兩次左右的大拍賣。只要有耐性，等待有動能的股票「一時突然下跌」僅靠這一點，李大華說，每年都可以讓投資資金翻倍。

「買進和賣出都需要等待！」這是購買低價股必須遵守的鐵則。如此，持有股票幾倍翻並非不可能。

股票投資的關鍵是「欲速則不達」。這已經是陳詞濫調了。不過，要能天天耳提面命，才能做到在成交量少的日子買進股票……

實際進行投資的時候，要能自己仔細收集資訊，自擔其責，如此才可享受股票投資!

● 低價股交易祕訣:買進和賣出都需要等待

我也想學習股票獲利倍翻法,請問什麼是最重要的事?

欲速則不達。

等待

是最積極的操作!

Key-Word

巴菲特的等待功夫

2008年,美國經濟從次貸、二房到銀行倒閉風暴,搞得四鄰不安八方不寧,這一段期間,巴菲特自言來自各方的「求助」電話不斷,不過,他顯然不為所動,一直到9月23日才決定以50億美金投資高盛銀行,這是巴菲特自1987年入股所羅門兄弟公司以來,時隔21年再度投資華爾街大型金融機構。

雖然巴菲特稱贊高盛是一家「非凡」的機構,擁有「無與倫比的全球業務、久經考驗和深謀遠慮的管理團隊」,但更令人佩服的是,這麼一家好公司他竟然能忍耐且等到美國金融系統已經幾乎快崩潰的時候才買進,不得不讓人驚呼「股神」的稱號真不是喊假的。

逆勢，讓低價股成為一門好生意

低價股的「低」定義是什麼呢？單純從文字上來理解，價格低的股就是低價股。

按照股價的高低排序，股票可以分為低價股、中價股、高價股。那麼，價格多少的股票是低價股呢？

低價股沒有明確的定義。

低價，隨行情而有不同的介定

一般認為價格在100元之上屬於高價股，30元以下是低價股，介在兩者中間的就是中價股。若股價低於票面價10元以下屬於超低價股。

不過，以上股價的分類也可以忽略，因為大環境不同股價價格有不同程度的分類，比方2008年中秋過後，受到美國次貸、金融倒閉風暴，台股一千兩百多家上市櫃，只有719家股價在10元以上(2008.10.20資料)，就連產業龍頭的知名企業像是力晶、國巨、聯電、金寶、華通等等股價都跌到10元以下，因此對投資人而言，如何定義自己所認定的低價股可得改變了。

不管是平常股價就低的低價股，還是因為股災而變成低價股，一般投資人非常害怕這種股票，一來是不敢買進，二來因為從來就沒有想要買進的念頭也就從沒有研究過「低價股操作方法」

的確，股價會變成很可憐的低價股一定有其理由，細查這些低價股的基本面，大都有其嚴重的問題，如此一家有著嚴重財務或管理問題的企業要能有機會起死回生機會並不大，既然是沒有前景的公司，為何要浪費時間與成本投入呢？

逆市，買進低價股是門好生意

從這個角度看，低價股投資應該要嚴格的被檢視，這是理所當然的！不少投資人可能會想:人最重要的除了生命，就是金錢。這麼重要的東西拿去買低價破爛股……聽起來實在沒有道理，

然而，這裡要說，挑對投資時機與挑對個股，低價股反而是一項可獲利的好生意。

對於低價股的選擇，首先，就是要排除可能破產企業，再來，對於短線投資人不青睞的低價股，對有長期持股計畫的投資人並非沒有誘因，目標是要選擇獲利穩定、高配息率、高股息殖利率的個股就是穩當的標的。

低價股投資只有明白「在低價買進，高價賣出」並付諸實行，這樣的投資才能獲利。

在金融海嘯後，大多數投資者都嚴重虧損，但若善用低價股逆勢投資反而可以提高利潤。

認為靠股票成為大富翁非常遙遠的讀者們！低價股投資出乎意料是一條可行的捷徑！

● 巴菲特總是勇於在股災入市

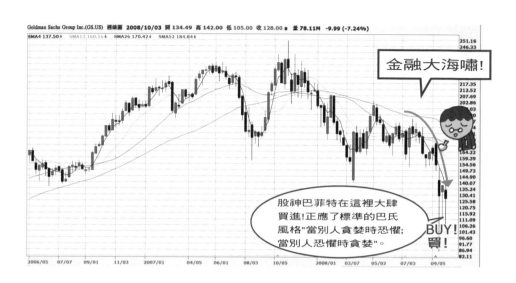

金融大海嘯!

股神巴菲特在這裡大肆買進!正應了標準的巴氏風格"當別人貪婪時恐懼;當別人恐懼時貪婪"。

BUY!買!

遇到股災,好多知名企業都跌到10元以下!

在街頭發現只能再抽一口的雪茄煙蒂可能只是一塊雞肋,但在討價還價的收購活動中,這塊雞肋依然大有油水可賺!

——巴菲特

看到滿坑滿谷的低價股,一般投資人反而害怕了!

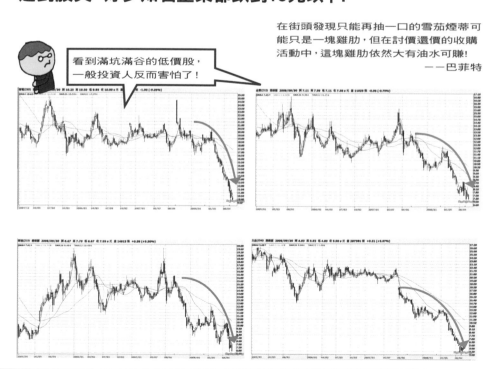

低價股成飆股的理由1

般股票投資書，不會建議投資人買進「低價股」，甚至很多看盤軟體的原始設定就會排除掉「價格低於5元，成交量低於500張」的個股，但是，這些不被一般投資者認同的個股認真挑選還是有「好貨」，右圖我們以2003年到2008年簡單的做一下比較，一邊是平常在媒體上耳熟能詳的公認好企業，另一邊是股價在10元徘徊甚至是大大低於10元的不知名企業，比較一下，知名的優良企業漲勢很溫和，跟動輒上漲數倍的低價股相比實在很溫吞。

好企業為什麼總是漲不動

這些優良的好企業，都是市場上評價很高的優秀企業。而且，公司規模、銷售額、利潤增減、新投資等情況都在證券研究員的監視之下。也就是說，很多投資家都十分關注這些公司，也因此，它們很難出現什麼令人眼睛為之一亮的題材。

即使偶爾出現一些比較重要的題材，人們通常也會認為它們原本就是大型優秀企業，這樣的企業有出色的表現是理所當然的。

所以最終，好題材並不怎麼表現在股價上，也就是說，大型的優秀企業即使出現少許好題材，任何人也不會感到驚訝。因此，股票市場的反應和往常一樣平靜，股價也難以上漲。

此外，很多投資人會從本益比看股價低不低，這是很好的投資指標，但對於民眾心目中「優良的好企業」，投資人會認為，這些企業本來就該很會賺錢，所以，即便萬年本益比都很低，投資人也認為這是理所當然。

低價股成為飆股的原因

在股票投資上，想要獲得超額報酬，被視為「理所當然」的事情就不怎麼有吸引力了！

從右圖可以明顯的看出，同時間台股加權股價指數漲了65%，但許多知名企業股價上漲的程度還不如大盤(註：先忽略企業的紅利發放部份)，但在同時，許多被視為沒有人氣價格又很爛的低價股卻有機會飆上10倍以上的水準。

那些漲得很厲害的是些什麼股票呢？

因為三通題材，過去不怎麼受重視的飯店、觀光或航運成為大熱門，就像右例中，鳳凰、中航、四維航都算是這個題材下的受惠者。另外，節能概念也因為能源題材受到重視股價扶搖直上。因為產業需求或題材發酵的低價股其低價也被不斷提高。這些概念股儘管營運數字不見得亮麗甚至出現赤字，但是，由於市場對於題材的共同關注，股價表現經常與基本的指標脫節，只有價格在不停的獨自變化。其中一個原因是當市場上大量資金流入後，低價股因價格低而成為第一個受惠的族群。

● 低價股一定是"破爛股"嗎?

從2003年初到2008年初，加權指數約漲65%。

知名企業	2003.1.2股價		2008.1.2股價	成長率
台積電(2330)	47.7	→	59.9	**26%**
台塑(1301)	46.3	→	72.9	**57%**
中鋼(2002)	23.5	→	45	**91%**
統一超(2912)	56.5	→	90	**59%**

低價股企業	2003.1.2股價		2008.1.2股價	成長率
凱偉(5201)	4.49	→	39.5	**779%**
中宇(1535)	10.9	→	33.45	**207%**
鳳凰(5706)	10.10	→	72.3	**616%**
合晶(6182)	11.3	→	105.5	**834%**
亞智科(5492)	6.4	→	34.45	**438%**
中美晶(5483)	10.25	→	160.5	**1466%**
松懋(4419)	5.75	→	51.9	**803%**
四維航(5608)	9.25	→	46.9	**407%**
中航(2612)	8.15	→	77.3	**848%**

Key-Word

行情的慣性!

幾乎所有的投資者，頭腦裏都會想著快點賺錢！於是天天盯著股價圖看，現在起，換個方式吧!

想買進便宜股，只需要關注大幅度下跌股。但是，人類的欲望太多，最後還是把注意力轉向了暴漲股。

稍加注意，就會發現不同股票有不同的行情特點。有的每月月末上漲，有的在25日移動平均線上必定反彈，有的每年噴發一次……股票中有很多變化模式。這容易被誤認為是股票本身的特點。但把它視為投資者們的特點會更恰當。也就是說，同樣的股票周圍聚集著相同的投資者，他們賦予了股價這個特點。因此，建議用月k線找到個別股票的行情慣性比盯著日k線看更有效。

低價股成飆股的理由2

進一步分析，低價股飆漲的理由是什麼呢?

台股相較於其他國家散戶投資成交比率相當重。相對於一般散戶，有規模有計畫的法人投資者他們選股的方向非常不一樣，法人主要的領域是大型優良股。

正因專家不會出手，才易賺錢！

因為法人投入的是幾億、幾億的資金，所以會買進業績好而不用擔心倒閉的股票，還有他們會投資那種即使行情很差也會有足夠成交量的股票，也就是流通性好的股票。

另外，這些法人機構通常得面對股東或購買基金的客戶，說明他們究竟買的是那一些公司?公司的營運情況、前景、產業等等，都得能說得明白講得清楚，因此，唯有具備相當規模的企業才能成為法人投資的標的。

如此，再回到重點，台股主要的成交者是散戶為主，就像你與我的散戶們，我們會喜歡什麼樣的股票呢?

「簡單、高效、而且在盡可能避開風險的情況下能使少量資本增值的股票。」

這個回答雖然不全面，不過，相當程度表達了一般散戶的心聲。

人們常說，投資的世界，錢越多的人越容易勝出。當然，如果資金應有盡有，買進股票，囤積到最後，可以抬高價格。但散戶投資者，要想和擁有如此龐大資金的法人和專家們同台分出勝負並不容易。

不過，有規模的外資、法人不會隨意出手的低價股和小型股，對於個人投資者來說，由於不用和專家競爭，所以能提供有機會賺錢的環境。

股票投資賺錢，若對手是意味著在與其他投資者的競爭中獲勝。同樣水準的投資者、非專業水準的投資者，顯然更有機會獲利。

容易成為主力聚集買進的標的！

低價股、小型股的市場中，有很多與你、我類似的投資者。一旦有動靜，買進會帶來買進，價格會在短期派到另一個臺階！低價股中，始終有很多以這樣固定模式上漲的股票……。

供需不平衡導致價格上漲後，必定會有買家撲過去開始行動。然後，買進吸引買進，股價大幅上漲。

這些低價股的特點在於整體資本額少，發行股數少。當然，如果主力大戶聚集買進，股價可能達到異常高價。

雖然投機味道濃厚，但它們比其他任何股票波動得更頻繁、而且常常在短時間內上漲了。

在速度和上漲率兩方面，低價的小型、主力股比任何股票都有優勢。

● 低價股的優點

懂得規避掉風險後，
投資低價股有六大優點:

1 可以從少額資
金開始投資。

2 單價便宜，能
夠買很多股。

3 股價原本就
低，所以不用
擔心最低價。

4 上漲後的上漲率高。

5 股價便宜，
所以配息率比較高。

6 整體處於上漲行情的情
況，即使赤字企業也可
能成為受惠者。

Key-Word

低價股上漲的優勢

小型股為什麼容易漲呢？
這些股的發行股數很少，行情
一旦活躍，成交量增加，供需
馬上出現不平衡。原本賣出就
少，只要買進稍微有所增加，
價格就會大幅度上漲。

金錢遊戲化，低價股意外高價！

10元的股票上漲到20元，和100元的股票上漲到150元，哪一個賺得更多？

從絕對值來看，從100元上漲到150元的絕對值比較大，看似賺得多。但是，如果用上漲率來比較，10元上漲到20元的股票上漲率為100%，從100元上漲到150元的股票上漲率為50%。如果投資資金為100萬元，那麼前者有100萬元的利潤，後者的利潤只有50萬。

低價股，是主力炒家的最愛！

低價股的上漲絕對值看上去很小，10元的股價一天上漲0.1元、0.2元，會錯誤的認為並沒有什麼了不起。但是，實際上上漲率有1%、2%，很了不起！

這樣子看好像只要買進低股價，就能萬無一失了。

當然不是。

一般散戶會覬覦低價股的倍翻，一些主力炒家在適當的時機更視之為一塊肥肉!相對於一般正常價位的股票其投資風險反而是更高的。

只要這樣想就清楚了:如果有一位主力作手手上有1億元現金，拿來買50元的股票，只能買進2000張，但若拿來買股價5元的股票就能買進2萬張，另外，若再結合公司派在適當的時間發放利多(或利空)消息，要拉抬(或打壓)行情時只要玩玩左手買右手賣的遊戲把成交量「做」上去，該檔股票幾乎就是這種主力作手的提款機，若是一般散戶看不懂他們的手法，胡亂跟進很可能變成主力的飯後甜點!

留意低價股出現的題材

回歸到投資的本質，正反兩面同時存在是無可避免的，有好的一面發生，必然同時存在壞的一面。行情好時，低價股的上漲率往往比大盤平均高。就像大拍賣時便宜貨堆積一樣，資金也容易聚集在便宜的地方。對於資金量少的個人投資者來說這是可搭行情順風車的賺錢股，但同時也容易成為有心人士操控股價的標的，所以，風險不小。

不論何種股票，促使股價上漲總是需要某些上漲的理由（題材）。比如，開發了新產品，銷售額倍增，與其他權威企業合作……對企業的將來具有積極作用的材料如果出現，那麼以此為理由，股價將會上漲。但是，如果股價上漲的過程中玩金錢遊戲，上漲的理由就變得微不足道。

「上漲後買進、買進後上漲」股價會出現良性迴圈。這樣，金錢遊戲化後股價通常會到達很高的位置。低價股價格便宜，任何人都能輕易買到，在低價股身上常會出現這樣的情況。

● 主力容力鎖定低價股任意拉抬。

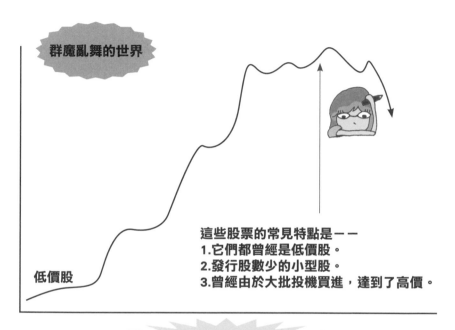

群魔亂舞的世界

低價股

這些股票的常見特點是——
1.它們都曾經是低價股。
2.發行股數少的小型股。
3.曾經由於大批投機買進，達到了高價。

主力股變動後資訊錯綜複雜

第2天──低價股魅力

Key-Word

基期是什麼？

基期，是相對於另一項數值比較時，所採用的比較年度（或季、月等）。例如，今年甲公司獲利率比去年成長15%，這時去年就是基期。又例如，乙公司95、96年的營業額是20億、28億，如果預期97年營業額是32億，以95年作基期，成長率是(32-20)/20=60%，如果以96年為基期，成長率就只有(32-28)/28=14%。

所以，如果前一年度已經有大幅度成長，在基期已經墊高的情形下，就不容易有令人眼睛一亮的好題材。因此，當一家公司經歷某一年度的爆炸性成長，要它在接下來的一年繼續維持那樣的成長率就不容易。雖然它可能繼續在成長中，但由數據來看，反而容易給人衰退的感覺。

49

以殖利率為目標買進！

買股票，不僅僅只是上漲利潤，有機會還可以不斷獲得配息。尤其是低價買進的股票，換算成現金殖利率高者(殖利率公式:股價/現金股利。比如，股價200元的企業一年分紅3元，殖利率為3÷200=1.5%)，也值得買入。

最近幾年，國內企業開始重視股東價值，配發現金股利的也多。若相較於銀行定存利率只有不到2%，股價低的投資標的殖利率甚至到達10%以上，數一數實在是很有吸引力！僅僅持有股票，每年就能得到這麼高的現金分紅，身為投資人的你，實在值得悠哉的等著股價變低時，再以撿便宜的心情買入。

本文舉兩家低價股投資為範例，假設你在2003年年初同時以11.3元買進合晶(6182)和以10.2元買進高林(2906)，在當時這兩家企業都屬於低價股族群，高林在股價的表現上並不出色，行情走了4、5年股價仍在10元上下，但現金配息卻一直相當穩定，報酬率有6~7%，若是當初買進100萬元股票，每一年約可以配到7萬以上的現金;如果那100萬買到合晶，除了每一年有現金紅利之外，股價還上漲了將近10倍，也就是100萬變成1000萬。有些不起眼的低價股比知名的「高股息個股」如台塑、中鋼的殖利率來得好，報酬率也高。如果長期持有這些股票，又遇到大幅上漲的時機，輕鬆的獲利就不難。當然，不是所有的低價股都能有這麼好的報酬。

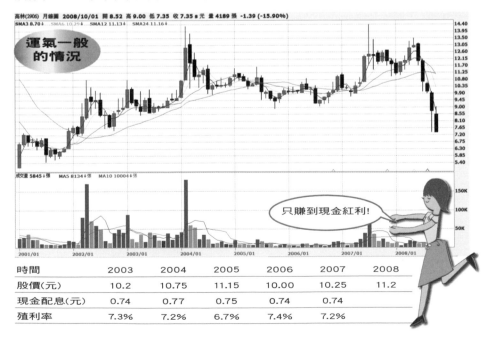

時間	2003	2004	2005	2006	2007	2008
股價(元)	10.2	10.75	11.15	10.00	10.25	11.2
現金配息(元)	0.74	0.77	0.75	0.74	0.74	
殖利率	7.3%	7.2%	6.7%	7.4%	7.2%	

● 低價股若無法盼到行情飆漲，選殖利率高的同樣有賺頭

本篇範例股價採當年度開盤第一天收盤價、現金配息採當年度股利政策，
殖利率計算方式為:現金配息/股價

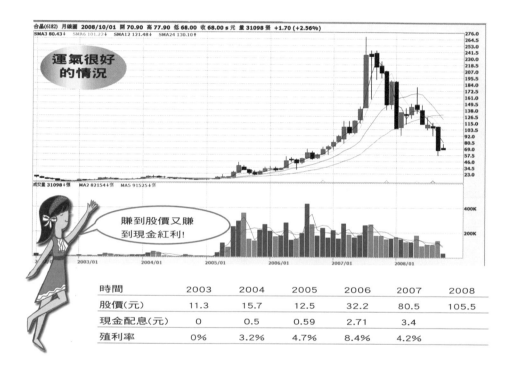

運氣很好
的情況

賺到股價又賺
到現金紅利!

時間	2003	2004	2005	2006	2007	2008
股價(元)	11.3	15.7	12.5	32.2	80.5	105.5
現金配息(元)	0	0.5	0.59	2.71	3.4	
殖利率	0%	3.2%	4.7%	8.4%	4.2%	

Key-Word

安全的低價股？

什麼樣的低價股比較安全？投資大師彼得·林區提醒想撿便宜的投資人「股價下跌過程中企圖掌握底部，就像要接住一根下跌的利劍，不如等劍插在地上再把它抓住!」顯然，要投資低價股，就注定是「富貴險中求」，而其最大的風險就是「這真是見底」了嗎？

投資人可以從型態、投資指標與 k 線等做評估。（詳見新米太郎的其他著作。）

確認不倒，低價變飆股才有可能

低價股投資，很多人擔心「會倒閉吧？」當然，比起一般股價的企業，低價股的破產風險很高，要排除掉可能破產企業，一方面要深入研究負面新聞，二方面要從財報數字來審核。

會倒嗎?看以下關鍵數字

1.稅後淨利是正值。

上網查看企業的財報，從每年的盈餘中減去稅金，再減去支付給股東的，剩下的累積金就是利潤。就好像是公司的存款。發生意外情況後，有淨利潤的公司企業倒閉的可能性減小！因此，稅後淨利高的公司比較安全。

2.股東權益比率不能過低。

企業會倒閉的最明顯問題就是:存款用盡，還背負著債務。如果股東自己的資本過低，也就是股東權益比率(用以表示自有資金佔資產總額的比重)比率越高，表示來自股東的資金比例愈多，對債權人越有保障。股東權益比率太低，破產風險就會大增。一般來講銀行、航空公司、建築業的股東權益比率都很低，但若低到10%不到，等於是企業營運有9成是靠借款而來，風險就太高了。

3.負債至少是年營收的1/2以內。

有利息負債多的公司也需要注意。判斷有利息負債是否多，有一定的標準。首先，負債比年度營收多的企業可以判斷為負債過多。當銀行利息低時，企業還有能力支付利息。但是，如果銀行利息上漲，就有可能大幅度削減利潤。最好，借款應該控制在年度營業收入的一半以內。

判斷低價股是否值得投資的依據很多，但若企業已經明顯的犯了上述的危險條款，即使股價很低也不是好標的。

認真的分析股價低的理由

為什麼股價會變成沒有人要的低價股呢?理由絕不是一夕之間造成，這種會被投資人拋棄的低價股往往合併破產危機，投資人當然要避開這種股票變壁紙的破產企業，但是，若接近破產的企業後來因為政策介入或出現轉機，並確定不會破產，股價反而會出現戲劇性的上漲。台股最有名的破產重整模範生要數東隆五金(8705)，東隆五金是世界知名的鎖類生產大廠，1998年因為金融風暴負責人涉嫌挪用公司資產護盤失利而爆發巨額虧損，當時股價被打到只有2元不到，但經過公司重整申請核准，企業暫時可以不用償還債務並可與債權銀行談判展延及減息。

申請並核准了重整的企業，相當於掛上了"暫時不會破產"的名牌，同時可以免除厚厚的債務票據，獲得增資，所以是利多題材。若經營一段時間後還出現了恢復發放紅利的消息，股價必定會進一步上漲！而成為股票投資人很好的買進標的。

● 重整成功並恢復分紅，股價有機會數倍飆漲

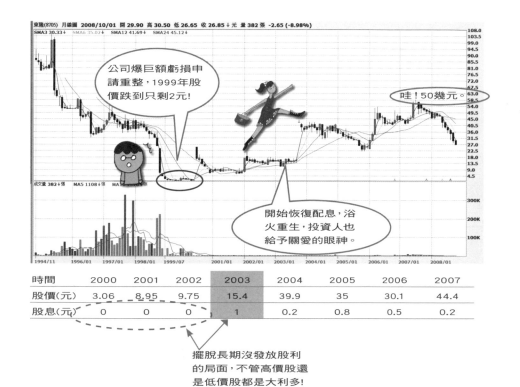

時間	2000	2001	2002	2003	2004	2005	2006	2007
股價(元)	3.06	8.95	9.75	15.4	39.9	35	30.1	44.4
股息(元)	0	0	0	1	0.2	0.8	0.5	0.2

擺脫長期沒發放股利
的局面，不管高價股還
是低價股都是大利多！

Key-Word

公司重整

公司重整是指發行股票公司因財務困難、暫停營業或有停業之虞，但仍有「更生」可能者，即可向法院聲請公司重整，由法院凍結公司資產，再選定重整人及重整監察人，代替原來的董事會，將有可能倒閉的公司救活。

公司重整可暫時不必償債，因此，經營不善的公司可以用來當成「護身符」，用以與債權銀行談判，要求銀行展延或減息；以這種方式讓公司持續經營雖可暫時喘息，但仍有遭法院宣告破產的風險。

Day3

如何交易低價股

資產家產生於恐慌時,
若要用一句話總結巴菲特的成功要素那就是:
「當市場貪婪時,要恐懼;
當市場恐懼時,要貪婪。」
照著股神的精神,
爛行情就是好時機。
低價股交易,就這麼一回事!

PER和PBR

當沖交易與短期交易者中，很多人根本不知道自己買進的公司從事什麼業務，是盈利還是虧損。

短線投資人關注價格變動而進行買賣，有關業績什麼的根本不在乎。但本書所推薦的低價股投資是重視指標的基本面投資法，投資人必須從財報、產業、景氣等基本面上去尋找標的與進出時間點。

低價股也要用PER確認便宜度！

PER是常用的投資指標，它的計算式是:股價÷每股利潤。也就是價格是每股利潤的幾倍。

假設某公司每股利潤為2元，股價為20元，那麼PER是10倍（20元÷2元=10倍）。之後，股價上漲到40元後，PER將上升到40元÷2元=20倍。

當股價20元，獲利2元，PER10倍的時候，價格便宜可以買進，但是股價上漲到40元，PER成為20倍的時候，那麼買進的價格和市場平均水準相差無幾，所以投資人要麼尋找更便宜的股票，或者等待這個股價下跌！

PER是一種人氣指標，成長性強、有人氣的行業，PER較高。

那麼，低價股的PER是多少才算便宜呢？

一般法人投資者會把PER12~15倍當成是一個基礎的指標，但隨著大環境標準會不同，例如，受到2008年全球經濟大海嘯影響，台股2008年9月平均的PER降到只有10.14倍。低價股比加權股價指數上漲速度快，所以PER比市場平均偏高。低價股本益比在市場平均以下（10倍以下）可以算便宜。

不過，低價股也可以不用在意PER。如果在乎PER，就不會去買沒有利潤的赤字股(赤字沒有辦法算本益比)！但仍要把本益比當作為一個指標在比較行情時可以用得到。

投資指標PBR

衡量股票是否便宜，還有一個標準。那就是透過公司的資產，判斷股價是否便宜。

公司的財務內容中，資產負債表上會記載資產、負債和股東權益。從所有資產中減去所有負債，剩餘部分就是股東權益。它顯示企業持有的實質財產，也稱為純資產。

公司由於某種原因解散後，純資產平均分配給所有股東。每股所得的金額就叫做每股淨值。

表示股價是每股淨值多少倍的指標叫做股價淨值比（PBR）。

PBR=股價÷每股淨值。

一般而言，低於公司解散價值1倍的企業可以判斷為便宜。

可以將PBR看作是選擇公司時的一個指標。

● 上網查PER和PBR

Key-Word

小型股

小型股：指資本額較小的上市櫃公司，由於流動在市場上的股票籌碼少，只要公司業績不錯，或有其它利多消息，容易被主力炒作、拉抬股價，但小型股未必是投機股，投機股也未必是小型股。

多頭市場的投機首選

股票這個玩意兒，如果許多人「想要！想買！」股價就會上漲。與有限的股數相比，想買的人如果增多，供需平衡被破壞，股價必然被抬高。如果頻繁出現這樣的情況，價格上漲的機會更多。也就是說，當買氣很旺的時候小型股上漲的機會會增加。

大型低價股，以重型行業居多，像是鋼鐵、造船這樣重型的、看上去很難上漲的企業很多。小型股中像是IC設計、電子等與鋼鐵和造船相比，股價波動度相當靈敏！低價的飆股大都屬於這一類。

過去曾出現高價的低價股！

長時間看股票市場，會發現股價曾經風光過的低價股，在出現大多頭行情時上漲的機率也增高。

為什麼？

硬要說出個理由或許可以解釋，股票投資就像棒球或賽馬一樣，本身就存在很多「粉絲」！曾經交易過某一檔個股而賺過大錢的投資人可能還清楚記得曾經嚐過的甜頭吧！人類的投資(投機)思維很有意思，失敗的記憶會馬上抹掉，成功的記憶卻無法忘卻。他們總是以成功為驕傲！這些投資人每天都等在樹下等待著捕捉第二隻兔子。所以，粉絲們總是會忍不住支持自己喜歡的個股，一旦上漲，就會一起行動買進。

因此，過去曾出現高價的低價股，

行情開始啟動時，暴漲機率會比未曾暴漲過的個股高。

行業的低價股，飆起來馬力夠！

每個行業的最低價股理論上應該是最被投資人輕看、最不受重視的企業，用常理判斷它應該是不具競爭力甚至可能是被淘汰的企業，可是，當大多頭市場來臨，各行業的最低價股往往上漲的比率要超過龍頭企業。

例如，鋼鐵股在2008上半年走了很強的一段行情，老牌的大型股中鋼在這一波漲勢漲了24%，股價來到很久不見的50元以上，但相同類型的鋼鐵低價股如燁興、高興昌漲幅卻高達79%、63%！

說到這裏，讀者會驚呼「真是危險的投資方法啊！」的確，交易低價股本身就違背了傳統「投資」的思維，投資人買進的企業可能一點產業競爭力也沒有，但若是糊里糊塗的只看行情板上的「上漲率」就跟進買入，完全不懂股性，心裡沒有個底，那種危險度更高。

股票書籍大多推薦買進業界「NO.1企業」。這個投資方式沒有什麼可爭議的，一者企業本來就有大者恆大的特性，買龍頭股不容易踩到地雷，而且有有法人與外資「陪」著，算是四平八穩的投資方法，不過買進NO.1的龍頭企業也不容賺太多，但卻適合滿足于安心穩定的投資者。

● 全面大多頭行情，股本小、股價愈低有飆得愈屬害的傾向

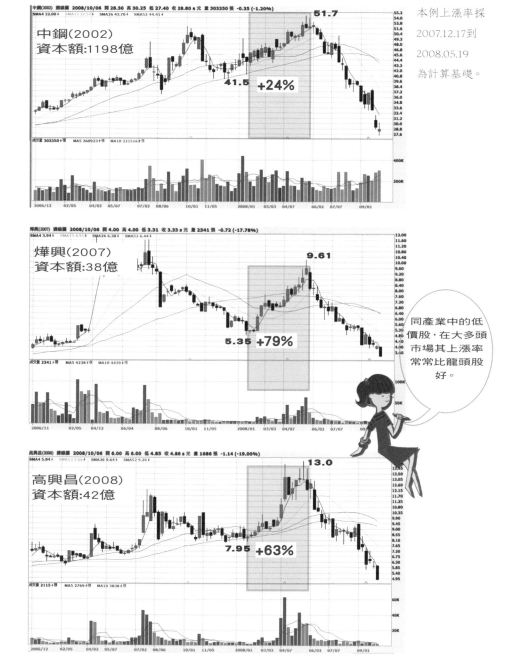

本例上漲率採
2007.12.17到
2008.05.19
為計算基礎。

同產業中的低
價股，在大多頭
市場其上漲率
常常比龍頭股
好。

暴跌與醜聞時，放縱你的貪婪

賺 股票的錢除了獲得股利，就只有一種方法就是「低買，高賣」但是，投資者難以做到這一點。

舉例來說，曾經當上台股「股王」的茂迪(6244)與伍豐(8076)股價都在100元左右開始啟動，茂迪的太陽能題材與伍豐的博奕題材都讓市場瘋狂的追逐過，行情短期內就飆漲了數倍，看到這種猛爆性上漲，普通的投資者會衝動的決定買進這種人氣股。

勇敢的挑戰暴漲股，投資人愈來愈喪失警覺，時時擺盪在過度樂觀與過度悲觀之中。沒有規畫只是追逐飆漲股的投資人，往往讓資金不斷減少－－

要想買股票獲利，必須早日從這種隨意買進中解脫出來。只有切斷這個惡性循環，操作股票才會有趣。

網路交易的普及，個人投資者的買賣日益頻繁。但是，買賣股票原本就不能在如此短時間內賺錢。如果沒有閒暇每天盯著電腦畫面，卻笨拙的混在當沖交易的群體裏面進行買賣。那麼，你撲向高價的次數越多，損失的速度會越快。

暴跌和醜聞絕對是買進時機！

股票投資方法包括「順勢」和「逆勢」。所謂順勢，是指股價上漲過程中買進，開始下跌後賣出。逆勢是指股價跌到底時買進，上漲後賣出。低股價投資法採用逆勢方法最適合。

做生意的鐵則是便宜進貨高價賣出。例如賣魚賣蔬菜的商人為了獲利，必然會先在市場上以便宜的價格買入存貨，再以高於成本的價格賣出獲利。有時候，商人可能會以高一點的價格買進珍貴的高級黑鮪魚，並把利潤設得比賣一般魚和蔬菜高一點。但如果商人買進黑鮪魚進貨價格已經很高，一般消費者可能會嫌黑鮪魚太貴而不想買了，如此商人反而會損失！

做股票的道理也一樣，買進價格十分重要。要貫徹在大幅度下跌時買進的逆勢投資才容易獲利。

另外，即使是「一時突然下跌」也不能篤定行情一定不會再下跌，所以要分幾次進行逆勢交易。最少要將自己的資金分成三等份，第一次下跌時先買進少量，如果繼續下跌，就再次買進。

股票投資過程中，誰也無法確定「一時突然下跌」什麼時候會出現，若沒有等到滿意的行情，就不能出手，這是交易低價股的最重要原則。

為什麼呢？

因為只有出現巨大的恐慌時，投資人才會犯蠢的錯誤。當看到恐怖事件發生時，眼看著自己的投資市值不斷減少，就像受到拷問一樣的痛。難以忍受的時候，會想「怎麼樣都行，只要能停損」於是不惜價格的拋售出去。忍功了得的人在這種時候買進，短期內通常會賺到錢。例如911恐怖襲擊後，股價立刻恢復。

● 股價暴跌就是機會，但也有例外!

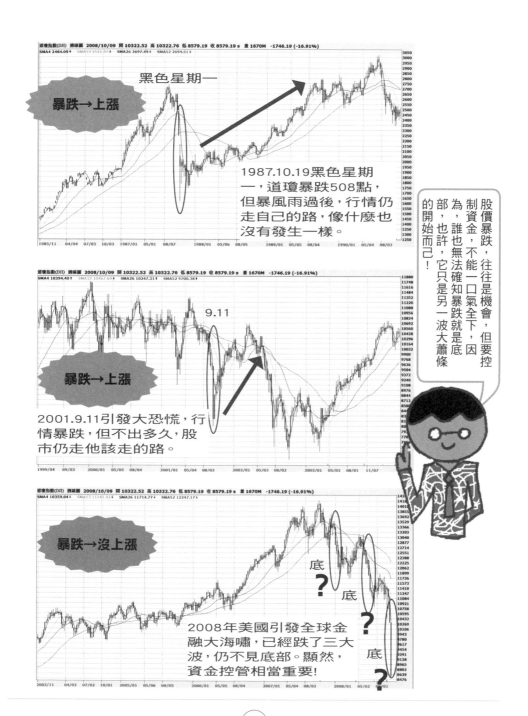

暴跌→上漲

黑色星期一

1987.10.19黑色星期一，道瓊暴跌508點，但暴風雨過後，行情仍走自己的路，像什麼也沒有發生一樣。

暴跌→上漲

9.11

2001.9.11引發大恐慌，行情暴跌，但不出多久，股市仍走他該走的路。

暴跌→沒上漲

底？
底
？
底
？

2008年美國引發全球金融大海嘯，已經跌了三大波，仍不見底部。顯然，資金控管相當重要!

股價暴跌，往往是機會，但要控制資金，不能一口氣全下，因為，誰也無法確知暴跌就是底部，也許，它只是另一波大蕭條的開始而已!

資產家產生於恐懼時

雖然，很多投資者明白低買高賣的道理，但結果，往往還是高價買入股票，這種情況也許過了幾十年，手中的股票還是處於縮水狀態。

由於一次買進失誤，讓一輩子都不好過！這種情況在股市是常有的事。

逆勢交易心法

眾所周知，股票在上漲的最後階段勢頭最猛－－大盤連戰連勝、成交量激增、股價一天天上漲……。在這樣的情況下，很多投資者會誤以為股價會再進一步暴漲。連周邊本來不玩股票的人也會特別想買進股票。於是，買進呼喚買進，不斷地買進。

事實上，這種情況下應該賣出。

過去出現的很多泡沫和暴跌，實際上是投資者自己一手造成的，也就是肇因於多數投資者的欲望使然。

投資獲利，最重要的是瞭解多數投資者的想法，以及採取與多數投資者相反的行動方式買進賣出－－

自己持有的股票每天上漲，如果你覺得「說不定還會漲，可以增加買進」、「可以向兄弟和親戚們推薦了」，這時候請不要猶豫，賣出！

以下歸納逆勢交易賣出的原則：

①如果有點高興，就賣出一半！

②如果非常高興，別猶豫賣八成！

③如果高興得手舞足蹈，絕對要全部賣出！

一旦投資者欲望被激發，開盤期間會馬上出現長上影線，如果在高價圈出現長上影線，股價多半已達到頂點。

相反，行情暴跌時，情況會如何呢？一般投資人第一天都還可以忍受。到了第二天，一想到接下來的日子，就會開始想賣出！第三天，若還出現大量虧損，忍耐已經達到極限……。如果你感覺到所有人都已經無法忍耐下去，心想，應該是賣掉所有股票。當投資人完全失望的離開市場時，那個地方通常就是谷底。是買進時機。

資產家產生於恐慌時

以下歸納逆勢交易買進原則：

①如果自己的持有股過度下跌導致胃痛，那麼暫且試探性的買進三成！

②如果自己的持有股過度下跌導致胃絞痛，再追加買進三成！

③過度下跌，周圍人都悲痛歎息，那麼用剩下的所有資金全部買進！

另外，觀察在股價下跌中是否出現下影線，也是股價見底的特徵。

股票投資過程中，如果自己覺得賠錢的程度已達到自己忍耐的極限，其他人同樣也達到了忍耐極限。這時極有可能就是波段最低價。

美國的市場上有一句話叫做「資產家產生於恐慌時」。如果具備在市場弱勢時勇敢買進的勇氣和決斷力，那麼，靠股票投資獲利就不遠了！

● 高價圈的上影線，見頂訊號;低價圈的下影線，見底訊號

出現上影線的投資者心理

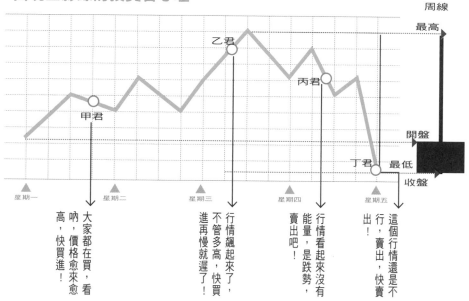

周線
最高
乙君
丙君
甲君
開盤
丁君　最低
收盤

星期一　星期二　星期三　星期四　星期五

甲君：大家都在買，看吶，價格愈來愈高，快買進！

乙君：行情飆起來了，不管多高，快買進再慢就遲了！

丙君：行情看起來沒有能量，是跌勢，賣出吧！

丁君：行情看起來沒有行，賣出，快賣出！

這個行情還是不行，賣出，快賣出！

出現下影線的投資者心理

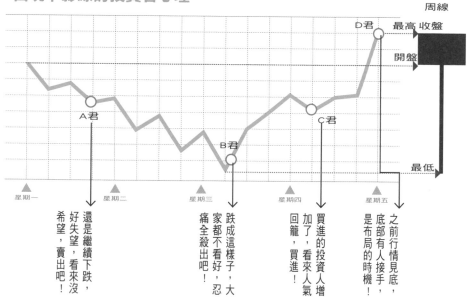

周線
D君　最高 收盤
開盤
A君
C君
B君
最低

星期一　星期二　星期三　星期四　星期五

A君：還是繼續下跌，好失望，看來沒希望，賣出吧！

B君：跌成這樣子，大家都不看好，忍痛全殺出吧！

C君：買進的投資人增加了，看來人氣回籠，買進！

D君：之前行情見底，底部有人接手了，是布局的時機！

閒散行情買，成交量大增時賣！

股價圖的解說書都推薦當成交量開始增加時買進!的確，股價開始上漲的時候，成交量確實會增加，伴隨成交量增加、價格上漲之後常會出現大行情，但請注意哦，如果是大型股，變動不會太劇烈，成交量增加後，再進行對應是一般性的判斷，可是，這裡所談論的小型低價股，如果等到成交量增加再行進場，投資人往往只有追股價的份了，也就是該漲的已經漲上去了。因此，對於小型低價股的投資要想獲得較大價格獲利，在成交量最少之日買進最好。

沒有量的低價股才是進貨標的

低價股在成交量最少時買進，等待成交量增加，確實可能需要很長一段時間，等上2~3個月是常有的事，不過，這是投資倍翻股必要的等待。

右圖是2006年股價飆漲的第一名全達(8068)，該年度(2006年)全台股市大豐收上漲了19.47%，而名列漲幅前20名的，全都是20元以下的低價股，這些股票漲幅平均是2.6倍，第一名的全達更漲了超過28倍!

看一下2006年初，全達的股票大約只有6元上下，成交量更是清淡，不但很少破百張，好幾個成交日只有個位數的成交張數，這種爹不疼娘不愛的低價股，遇上大環境外有國際熱錢助燃台股，內部則企業擺脫前一年大虧損的陰影，受壓抑的股價一口氣大漲2570%。

另一家排名2006年台股上漲率第二名的是金麗科(3228)，2006年金麗科股價上漲了953%，事實上論賺錢，金麗科當年的稅後盈餘也才1.9元而已，並不算很會賺錢的公司，但因為搭上低價電腦(OLPC)題材，投資人對於金麗科未來具有數十億人口的低價電腦潛在消費群存在著想像空間，生產低階中央處理器的金麗科成為特定人士鎖定的標的，股價飆得叫投資人既嫉妒又害怕。

低價股適合有錢，沒閒的投資人

在沒有思考過「買買低價股試試」之前，你的交易方式是什麼呢?是不是股票上漲後，就會心跳加速，盤算著什麼時候賣出，工作也不安。有時一邊上班一邊還看著網路或盯著手機看行情，甚至連午休也在確認股價?如果你是上班族，沒有太多時間看盤，選擇成交易清淡的低價股，等到行情上漲並出現成交量增多後的一兩天賣出，這樣的方式通常會有一段不壞的獲利。相反的，如果你是短線追求行情上漲跑的投資人，反而要在成交量增加、行情上漲時去追求更高價，並在行情尚未反轉前快速賣出。以上這兩種投資方式不能說那一種比較好，只是，若你有筆目前用不著的資金，且沒有時間看盤，選擇前者是比較明智的。也就是說，當小型的低價股成交量增加，應該賣出;而購入時間僅限於成交量少的閒散行情下。

● 低價股飆漲範例一

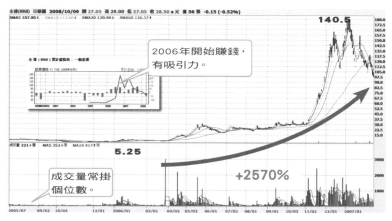

2006年開始賺錢，有吸引力。

成交量常掛個位數。

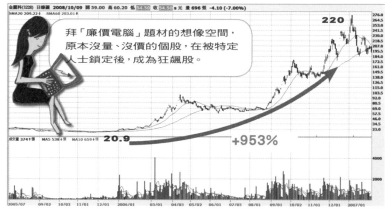

拜「廉價電腦」題材的想像空間，原本沒量、沒價的個股，在被特定人士鎖定後，成為狂飆股。

流動性的風險！

法人對於成交量很少的股票往往敬謝不敏，因為萬一遇到股票要賣賣不掉的情況，那就很糗了。當然，散戶也要注意這一點，所以，買進成交量少的股票，資金一定要用閒錢，而且得有相當把握股價有一天會出現「價量齊揚」可以順利獲利出脫，否則有行無市，受傷是相當大的。

低價+不動=潛藏巨大機會

有 機會短期報酬狂飆的通常是低價的小型股，這些股票的流通股本通常在5億元以下籌碼小，只要特定人士鎖定，加上整體經濟環境配合就會成為大飆股。但買進這種股票一旦「夢想」破滅或籌碼鬆動，跌勢也會一發不可收拾。

偏好低價小型股的老手為什麼不喜歡那種被徹底研究並被市場肯定的「知名股」呢？

話說回頭，因為知名企業投資人和分析家們都會經常關注，所以價格變動很早。等到有什麼好題材被公諸於世時，股價已經漲很多了，等到看到報紙好消息出現，有可能已經是專業法人們正要獲利了結的時候了。那麼，身為散戶，如何「捉飆股」呢？

訣竅之一是找專家和其他投資人不會關注的個股。可以先尋找獲利比上一期好很多的個股，接著再一檔檔研究這些公司的基本資料，看看它是不是屬於資本額小的企業，如果企業獲利增加，由於股數少，每股利潤會增多。

另外，越是成交量少的企業，越少有人注意，即使公佈業績獲利增加的好消息，也不見得所有投資人都會注意，如此，就較有機會提早把握主力尚未發動行情的黑馬股。以下是利用網路多條件篩選範例：

選股專家 市場面選股法

從基本面、市場面…等把心目中想要的條件設定好，如果自己設定的條件太嚴苛可能會沒有任何適合的股票，就再放寬條件重新篩選。
最好先篩出10~20檔股票，再慢慢從中挑選。

選股結果

股票名稱	收盤	漲跌	漲跌幅	近2季最小營收季成長率(QoQ)(%)	成交量(張)	股本(億)
志嘉(5529)	7.79	-0.56	-6.71%	208.53	78	4.42
天鉞(3205)	5.56	-0.41	-6.87%	43.53	11	2.97
立端(3344)	10.75	-0.35	-3.15%	38.73	67	7.44
金山電(8042)	14.15	-0.40	-2.75%	24.34	284	7.80
合懋(8937)	9.00	-0.08	-0.88%	23.77	33	7.80
美喆瑪(4721)	18.20	-0.45	-2.41%	22.59	293	6.75
中華化(1727)	13.00	-0.50	-3.70%	17.36	866	7.00
鄧特(4107)	16.40	-0.10	-0.61%	15.75	185	7.60
皇普(2528)	1.27	-0.29	-18.59%	15.43	20	6.08
惠光(6508)	18.40	-0.30	-1.60%	12.36	536	6.95
熱映(3373)	15.40	-0.40	-2.53%	12.07	27	2.42
力致(4529)	9.50	-0.07	-0.73%	11.29	22	4.69
愚紘(3229)	10.50	0.00	0.00%	10.83	28	4.99

說明：*表示當日資料尚未到位

您所設定的選股條件為：
1. 近2季營收季成長率(QoQ)均大於10%
2. 近一交易日股價小於20元
3. 近一日成交量小於2000張
4. 股本小於10億元
不過這個股價5元以下，五日均量在500張以下的個股

營收獲利也可以改成EPS成長或獲利創新高等條件；而其他條件則視當時整體環境不同而有所調整，也可以再加入PER小於10、PBR小於1等其他條件，讓焦點更集中。

● 低價股飆漲範例二

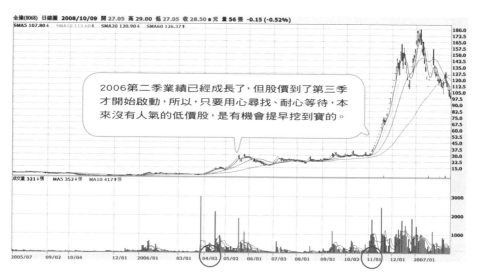

2006第二季業績已經成長了，但股價到了第三季才開始啟動，所以，只要用心尋找、耐心等待，本來沒有人氣的低價股，是有機會提早挖到寶的。

	營業收入(億)	毛利率	營益率	稅後淨利(億)
2006.4Q	639	10.90%	5.50%	-2
2006.3Q	825	12.20%	6.66%	28
2006.2Q	1004	9.50%	4.57%	43
2006.1Q	771	4.49%	-2.06%	13
2005.4Q	726	7.59%	-1.22%	-19
2005.3Q	681	2.37%	-5.65%	1
2005.2Q	742	10.26%	0.07%	-24
2005.1Q	694	8.50%	-0.1%	-11

關鍵資料

資本額只有3.07億是迷你型的小股，2005年的各種財報數據不是賠錢就是毛利很低，但在2006年第二季，業績出現很強的成長勢頭，從當時只有幾十張的成交量看，顯然，並沒有太多投資人青睞這檔股票，所以，價格既沒有因為業績成長立刻擺脫個位數的價位，成交量也很少。一直等到2006年第三季才湧入很多投資人，股價才開始有所表現。

所以，這種任何人都不會去關注的非人氣股，即使公佈業績增加的好消息，也不一定馬上變動。如此就隱藏著個人投資者也能大賺的機遇。

平時關注非人氣股、不動股，是尋找股價倍翻標的的方法。

使用趨勢線的買賣技巧！

股價的變動方向叫做趨勢。股價的變動方向呈現上下波動的同時向右肩上漲，稱為上漲趨勢；明顯向右肩下跌是下跌趨勢；橫向盤整的狀態是持平趨勢。要想獲得利潤，應該買進處於上漲趨勢個股並在上漲趨勢結束後賣出，這是最高效的方法。

如果你的目標是買進低價股且進行中長期交易，短期的波動就不像短線投資者那麼重要，但尋找最有利的買賣點仍是投資的基本功，即使不用注意細微的變化，仍應具有一般的常識。

在股價圖上畫線，就像學生時代解幾何數學題一樣，可以幫助了解股價變動的方向。連接股價的各高價所成的線，就是壓力線;用一條直線連接各個低價，就是支撐線。這樣一來，沿著股價圖的波動，就能夠畫出上下兩條線。

上漲趨勢的買進點

本書前文常出現「一時突然下跌」的字眼，有一種情況是行情受到環境的影響，股價跌超過既有的波動趨勢;另一種是股價一路跌至支撐線附近，但再次轉入上漲時也可視為是一時突然下跌買進點(右圖買進點①)。如果股價看似將要持續上漲趨勢，會馬上突破高價，進一步上漲，馬上突破高價也是另一個買進機會(右圖買進點②)。。

上漲趨勢的賣出點

上漲趨勢不會一直持續，必定會在某處從上漲轉換為下跌。投資者需要趁早判斷趨勢的轉換點，賣出了結。當股價在壓力線和支撐線之間上下波動並同時上漲，如果跌破了支持線，這裏就是第一個賣出點(右圖賣出點①)。

投資人可以權衡整體的情況，若是暫時性的跌到支撐線之下可以先賣一部份，但若跌到比前一次低點還要低的行情，可能就是趨勢要反轉，也就是從上漲趨勢轉為下跌趨勢了，這時要先全部賣掉「避風頭」了(右圖賣出點②)。

儘管低價股投資不容易像高價股一樣重摔，但股票交易的原則就是不能過度自信，該停損就要停損，可千萬不能以為只有5元買進的股票「再跌也有限」的想法，例如2008年全球很可怕的金融大海嘯衝擊，全球股市連連破底，5元的股票也會變成0.5元。

對於呈現下跌趨勢的個股，原則上是不投資，除非能夠發現趨勢轉換非常明確的進場點，例如股價持續下跌但行情突然向上突破壓力線並出現大量，那麼，就可以在稍高於壓力線的高價買入。

除了用趨勢線為買賣標準，也可以用移動平均線做為進出時點的基礎。要想透過這個方法獲得利潤，儘量選擇變動規則、圖形清晰的標的。

● 看清趨勢找到最有利的買賣點

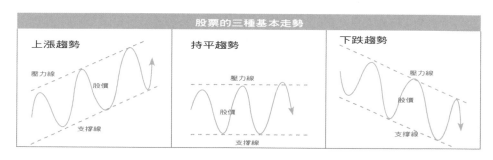

股票的三種基本走勢

上漲趨勢	持平趨勢	下跌趨勢
壓力線　股價　支撐線	壓力線　股價　支撐線	壓力線　股價　支撐線

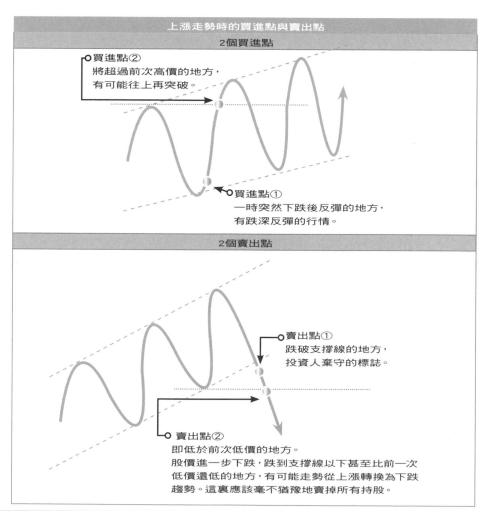

上漲走勢時的買進點與賣出點

2個買進點

買進點②
將超過前次高價的地方，
有可能往上再突破。

買進點①
一時突然下跌後反彈的地方，
有跌深反彈的行情。

2個賣出點

賣出點①
跌破支撐線的地方，
投資人棄守的標誌。

賣出點②
即低於前次低價的地方。
股價進一步下跌，跌到支撐線以下甚至比前一次
低價還低的地方，有可能走勢從上漲轉換為下跌
趨勢。這裏應該毫不猶豫地賣掉所有持股。

按季節與景氣循環投資！

股價基本上由經濟形勢、政治形勢、供需平衡等指標（基礎條件）形成。不過，股價的變動通常無法僅僅用合理的因素解釋，影響行情的還有「非合理因素」。例如:季節性行情與景氣循環行情。

最佳投資時點

右圖是國內嘉實資訊統計近20年台股行情的漲跌機率，從統計圖中可以清楚的看出10月份下跌的機率最高，元月、2月上漲的機率最高。這跟股票老行家們口耳相傳的賺錢旺季(前一年10月布局，隔年2月收成)不謀而合。也就是說，一般投資人要進場的時間最好是10月前後，最好賣出股票的時間是1月、2月的時候，雖然，有人解釋這段行情的理由是作帳行情、年初時熱錢豐沛等等，不過，投資人倒可以不用細究是什麼原因，也或許，股市行情本來就是人氣聚散的結果，當大部份人都這樣子想，行情也就會那樣子表現了。

景氣循環股投資方法

低價股投資的另一種方式就是選擇產業谷底布局，等產業從谷底翻升，早期布局的個股就能獲得豐厚的報酬。

可以這麼操作的企業，都是景氣循環股，也就是所屬產業景氣有高峰也有低谷。例如，塑化原料股的周期約2~3年，TFT面板與DRAM有1~2年，熟門熟路的投資人會布局在這些產業的谷底期，因為產業谷底期沒有什麼值得期待的題材，買的人少、股價也低。一旦要發動行情之前的幾個月，屬於「先知先覺」的投資人就會開始吸籌碼，等到利多消息出現時，這些早期布局的內行人已經準備出貨了，所以，後面進來的投資人往往會接到「最後一棒」，因此，投資這種股票就要有決心研究基本面與產業，自己懂得掌握該產業從谷底翻揚的時間點，而且也不要忘了，一定要在景氣到達高峰時出脫持股。簡單來說，這種周期性的股票要在蕭條結束前買進，在繁榮到頂時賣出。

PER高時買進、PER低時賣出

值得注意的是，景氣循環股若用本益比來操作，情況剛好會跟一般股票顛倒，因為景氣循環的時間差，股價明明是「太貴」，但投資人採用的獲利基礎每股盈餘卻是景氣很好時的數字，所以「股價/每股盈餘」所計算出來的數字會變很小，從本益比來看會被判斷為「很便宜」，可是當景氣高峰一過，就是景氣谷底，是難以看見什麼令人振奮的消息的，所以，投資景氣循環股雖然會獲得絕佳的效果，但也暗藏很多陷阱，投資人不可不慎!

● 10月買入持有至隔年2月賣出，勝率最高

統計1987/01/06~2007/08/3120年間各月份股價漲跌%(資料來源：嘉實資訊2008投資股曆)

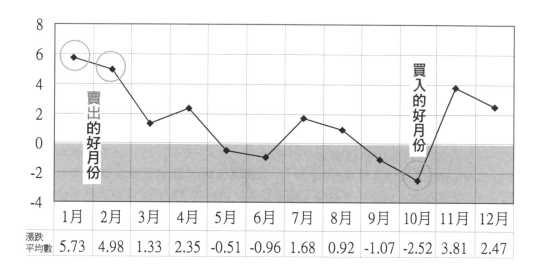

	1月	2月	3月	4月	5月	6月	7月	8月	9月	10月	11月	12月
漲跌平均數	5.73	4.98	1.33	2.35	-0.51	-0.96	1.68	0.92	-1.07	-2.52	3.81	2.47

周期循環股

第3天──如何交易低價股

周期股有兩種情況：一是指發行公司的經營狀況易受整個經濟周期的變化而波動，如建築、水泥、鋼材、汽車等行業；二是指發行公司本身的經營狀況有周期變動的特徵，如冰箱、飲料、服裝等行業。繁榮時期，周期股的效益可觀；蕭條時期，周期股的收益降低。反映到股票的價格方面，其波動幅度很大。

投資前要做到三個富餘

獲 利倍翻，聽起來好吸引人!但可不是努力的打聽什麼股能賺，把錢投入就可以了。看似愈平凡愈簡單的獲利模式，就愈需要修練的功夫。

2008年美國金融大海嘯，有多少有才幹的基金經理、聰明絕頂投機者，在執行交易過程中，無法戰勝自己的欲望，最後自掘墳墓!而最後勝出的大贏家竟是住在小鎮、簡單喝著可口可樂的巴菲特。

股票投資欲速則不達!

投資，第一步是培養控制欲望的能力。

首先，就是要為投資儲存資金，在生活上節約。

想早點擁有股票投資的本錢，需要捨棄自由散漫的浪費生活。為了早日擁有股票資金，要做好心理準備，一來，絕不借錢投資;二來，絕不融資操作，如此，才能展開自己的投資事業。

股票天天都上演上漲下跌戲碼，投資人從開始交易的第一天起，就跟玩賭博一樣時喜時憂。有的人在買進的當天，即使比買進價只稍微下跌一些，也會覺得失敗了，心情由此灰暗，直到睡覺之前，還為了明天該怎麼辦而感到不安。這樣沒有餘裕的心，不容易做好交易。

股價隨著對一兩年後企業銷售額和利潤的預估而上漲下跌，若企求股價在一兩天內反應出該有的價值，如此就偏離了股票投資的本質。

悠閒的心，引導正確的判斷!

網路買賣成為主流後，人們可能會以為頻繁買賣才是股票交易。實際上，除非是當沖交易者，否則一天都盯著電腦緊張查看股價，往往事倍功半!

投資人在賣掉自己的股票後，因股價上漲而後悔。因此，只是稍微上漲一些就馬上獲利出場的做法不可取，至少持有半年或一年以上，才是投資致富捷徑。只要能做到一次買進後忍住不賣，就會親眼看著股票賺錢。

大家一定存過定期，幾乎沒有人會在中途解約。其他像保險也是一買就是10年、20年。

既然其他類型的投資都能夠堅持長期的投資，為什麼不能在買賣股票的時候忍耐幾個月呢?

原因還是在於每天都能看到賺了多少，虧了多少。

本書前文曾就殖利率做了簡單的計算，在不考慮股票漲跌而僅就現金股利的部份，只要認真的選對股並找到合適的交易方法，報酬絕對不輸給定存。

歸納起來，股票投資前要先有三個富餘，不陷入金錢遊戲的迷思裡，堅持有方法的交易股票，股票投資是一項很好的理財工具。

● 三個餘裕引導你走向勝利

經濟後退、海外市場的暴跌、恐怖事件和戰爭、政局不穩等風險都可能引起出乎意料的暴跌。再怎麼強厲害的投資人也無法預料這些事情的發生，那麼，怎麼才能回避風險呢？最重要的是要有以下三個餘裕--

金錢富餘
在下跌處可以再度買進，以降低平均買進成本。無論採用何種方法，大幅度降低買進成本為目標，而其前題是有資金上的富餘，如此，股票投資一直可以處於優勢地位。

時間富餘
遭遇出乎意料的暴跌，該怎麼辦？一般來講，只有等待行情恢復。對！這是時間的富餘。如果把本來用於買房子要付的定金或是小孩子教育資金的錢投資了股票，由於沒有時間上的富餘，就得立刻面臨損失。

心理富餘
還需要有心理上的富餘。否則，遭遇暴跌後，會驚慌失措，無法做出合適的判斷。很多投資者始終在這種情況下狼狠賣出，就是因為沒有心理上的富餘。

第3天——如何交易低價股

融資，最好不要！

剛開始做股票，只要稍微獲利，任何人都會想到：融資，賺得更多！最初，誰都不會採用自己信用最大限度額進行交易，所以覺得沒有關係。但隨著人的慣性，一面看著上漲行情，一面看到想買進的股票不斷增多，最後總會安慰自己「反正都會上漲，不買是損失」。如此，就很容易失掉戒心，平常沒事就沒有，但一遇到如美國次貸風暴引起的金融大海嘯，投資人可能就得每天苦惱如何支付恐怖的「保證金追繳」，這種經歷只要發生一次，投資資金就會在瞬間減半。

73

分次買進的伏擊法!

股票不可能持續上漲,也不可能永遠下跌。因此,買進時,應該抓住低價後再行動,否則,很難一直獲勝。相反的,上漲勢頭好的時候,反而要勇敢賣出。而不管買或賣,「等待」都是一定要的,如果做不到等待的功夫,最好先停掉所有的投資,好好想一想自己的交易策略,等想通了再進場。

分三次買進!

沒有人可以得知股票市場的暴跌何時到來。要克服人的恐懼與貪婪,可以採用分次買進法。買進時要等一時突然下跌買進和暴跌時買進——

最初等待一時突然下跌,用投資資金的1/3買進。之後,如果出現更便宜的價格,再用1/3買進。剩下的1/3用於暴跌時買進。

保留最後的1/3資金非常有用。

請記住,由於某種原因市場必定會出現暴跌(只是沒有人知道會發生在什麼時候),就經驗來看,那種暴跌行情會極快恢復。當所有人都悲觀,不知道下跌到何處,正是這樣的時候買進才能賺錢。

處於大暴跌時,你可以從網路上看到大家似乎都拚命的在悲慘喊救命。在這種時候,也許你手上的現金有部份已經套在股市裡,但當市場恐懼情緒已經到了極點,連自己都開始痛苦時,反而是買進的好時機。

要做到這一點並不容易,但行情總是如此。

那麼,前面兩次用1/3投資於「一時突然下跌」指的是什麼呢?

股價即使進入上漲走勢,也會在反復上漲下跌的同時上漲。在此過程中,上漲後,想獲利了結的人當然增多,如此就會出現大量賣出使得股票下跌(也就是「一時突然下跌」),但不久後又會出現買進。

這麼看來,買賣股票好像完全憑情緒,不是的!認真的投資人要有計畫的每天研究行情,鎖定10檔左右觀察其業績變化,如此的工作也許持續半年一年,但投資人卻完全空手等待,因為如果不經常關注,就無法瞭解動向。

請記住一句話,誰都無法確認暴跌何時來臨,只有已經暴跌的行情市場才能告訴投資人「我已經暴跌了」,而其間投資人能做的事情,就只有研究+等待。

買進之後,在上漲之前,也要做好心理準備一直等待半年到一年。很多情況下,即使上漲了兩成也不賣,上漲了四成也不賣,目標是在上漲五成後處理掉一半。剩下的一半等到上漲更多之後賣掉。

這種交易方式尤其適合有主力介入的小型低價股,其特點是能適應股價大幅度變動,如果能夠在低價買進在暴漲(突然上漲達到的高價)賣出,就可以獲得很大一筆利潤。

● 分批伏擊法！

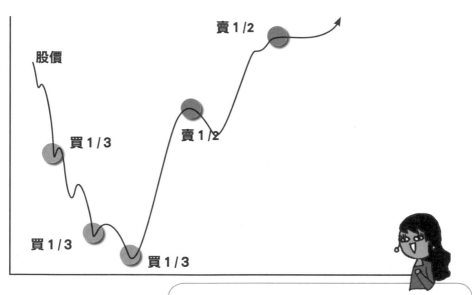

要可以空手忍耐等待行情暴跌再出手！
也要能忍耐等待不理性的暴漲瞬間出脫持股。
這是低價股操作的成功心法。

Key-Word

給美女選票

經濟學家凱恩斯將股票投資比作選美！

他列舉了一家報社舉行選美投票活動，猜中獲勝美女的投票者會得到獎品。這個例子中，要想獲得獎品，並不是要投票給真正的美女，而需要投票給大家都認為會是美女的參賽選手！

股票投資也是同樣道理。

即使自己認為好的公司，只要其他投資者不覺得是好公司，股價就不會上漲。相反，即使自己覺得「如此看似要倒閉的破爛股不知有什麼好」，有人氣的破爛股一旦開始變動，就會有許多投資者蜂擁而至。也就是說，許多投資者蜂擁而至的股票，才是會大幅上漲的股。

75

有機會敗部復活的低價股類型

為什麼會成為「低價股」呢?主要有兩種類型,第一種是自己公司的問題,如經營不善、出現重大信譽問題;第二種是遇到系統性的風險,因外力波及不可避免的下挫。若再細分有機會敗部復活的低價股可分為以下五種類型:

一,浴火型

低價股中股價最具戲劇性的就屬這一類,像茂矽、東隆五金 、中鴻等都曾因公司內部管控經營出現嚴重的問題而被打入全額交割股,但在新經營團隊重整下公司重新正常交易。

以中鴻為例,它的前身是因為跳票股價剩不到5元的燁隆鋼鐵,在中鋼入主後,經過一段時間的整理,股價漲到了好幾倍。

這種浴火型的股票並不是每一檔都能大賺,近幾年被打入全額交割股的股票也有數十檔,但經過重整到恢復交易的只有少數幾家,有太多企業浴火之後股票變成壁紙,所以,這類型股票是低價股中風險最大但報酬也最高,而且行情很難捉摸的。

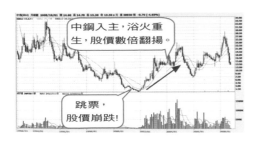

中鋼入主,浴火重生,股價數倍翻揚。

跳票,股價崩跌!

二,轉型成功型

「轉型」上市櫃公司出現這兩個字光聽就讓人很有想像空間,的確,每家企業在成長的過程中難免遇上瓶頸,如果無法在本業更上一層樓或是該產業已成夕陽產業,轉型,就是一條選擇的路,只是企圖轉型者眾,但真正成功的實在不多,但若真的轉型成功,股價真的會漲好大一段,像本來是做印刷電路板的健鼎後來改做DRAM模組板和光電板;本來從事紡織業的首利,後來改做電子業專攻電源供應器,產業前景遠比原有的紡織好,股價也上漲數倍。

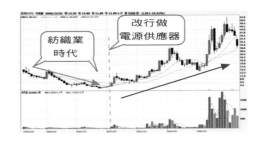

紡織業時代

改行做電源供應器

三,無人聞問型

這一類公司經營一向穩健,通常是傳統產業,只是處在發展高原期,沒有什麼新鮮的話題可以刺激市場人士注意,所以,即使從財報來看獲利穩定也不見得股價能同步跟上。例如,本例中的榮化,生產電子用化學原料,產品具有市場寡佔優勢,雖然每年都穩定配息,但行情則一直等到市場氛圍開始重

視傳產後才擺脫個位數且倍翻成長。

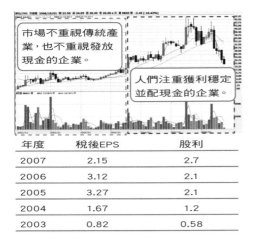

市場不重視傳統產業，也不重視發放現金的企業。

人們注重獲利穩定並配現金的企業。

年度	稅後EPS	股利
2007	2.15	2.7
2006	3.12	2.1
2005	3.27	2.1
2004	1.67	1.2
2003	0.82	0.58

四，景氣循環型

　　這一類股票是隨著景氣而動，像塑化、DRAM、面板等，這類型產業有標準規格並可大量生產，其股價變化隨著景氣和產品價格變化有很大的關係。當該產業好股價就好，當該產業清淡股價也清淡（如本例的「台苯」），所以，布局產業清淡時期等到產業需求暢旺再把股票賣掉是基本操作方式。

　　不過，這一類型的股票操作上也要留意，經過市場一番洗禮後，有一些體質比較不好的企業是否就因此而淡出市場，而失去市場競爭力呢？

　　例如，原本大家都做面板的企業像是華映、彩晶、友達、奇美，經過市場一翻調整，華映、彩晶跟友達、奇美的價格就已經無法比較了，變成長期處在弱勢行情。

這也是投資低價景氣循環股最有風險的地方。

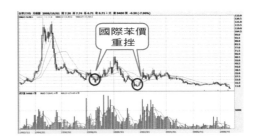

國際苯價重挫

五，被無辜波及型

　　這種類型可以視為最安全，但也有可怕的地方，因為並非企業出問題而是市場的某個環節被大肆調整而使得股價偏離了常軌，看起來投資人似乎有便宜可以撿，但也不完全如此，若出現的風暴變成一個無法復原的長期蕭條，即使低價買進也有可能變成毫無價值的壁紙。

　　這一類型的股票也很常見，像美國911就重挫了航運股，SARS期間就重挫了飯店觀光，2008年美國金融海嘯幾乎把所有金融股打到抬不起頭。

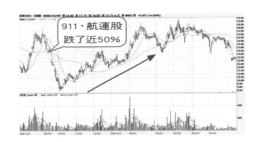

911，航運股跌了近50%

Day4

小型股魅力

急漲急跌、大漲大跌，

小型股行情總是「動」個不停，

因為行情一直波動著，

所以，

永遠有獲利機會。

小型股：投資我一定要先認識我

對於個人投資者來說，股票投資中最有魅力的是變動迅速的小型股。其中當然包括主力色彩濃厚的投機股，就某種層面來看，這種股票有點像賭博，順利的話，買進之後會連續漲停，但如果不經常研究這些小型股的走勢，賺錢幾率不僅降低，最終還可能遭受巨大損失。

想大賺，需要背負相應的風險。也就是說，小型股投資並非輕而易舉，現在網路交易激增，反復頻繁買賣的投機者很多，如果盲目的飛撲到突然出現的人氣股，反復頻繁買賣，不僅不會賺，最後還可能成為主力大戶的犧牲品。很多散戶一看到新聞或指標出現好兆頭就立刻跟進，但買進後卻立刻出現下跌，如此又停損出場，這是最糟糕的。

小型股容易反復暴漲暴跌，不形成一套投資風格和技術，無法獲得收益。大部分虧損的人往往在實際操作中，總會被類似——

「那一檔股票好？」

「會上漲到那裡？」之類的謠傳、資訊，或者他人的意見左右。

如果一直這樣，是不可能戰勝市場的。

首先，就是要先對主體——小型股，有所認識。小型股的特徵在於，與整體行市較無相關，行情經常變動個不停，有經驗的投資人是可以從這種股票變化中找到獲利機會。所以，做當沖交易或短期買賣的人很喜歡。

另外，無論投資小型股還是大型股，當投資人無法真正信任市場的程度愈高，投資人就特別喜歡以短期投資的手法操作。所以，股市愈不穩定，投機客就愈多，因為小型股很容易股價變動，股性就愈活發。

市場不穩定時，如果不落袋為安有可能出現損失，當大家都把「落袋為安」做為標準時，即使處於漲勢的股票也會經常下跌，所以，小型股股價變動就會相當大。

本文先整理出5項小型股的特色：

1，容易被主力操控

短期暴漲的個股，大體上都可以稱為主力股。也就是有主力悄悄買進股票，當一般人發現有「主力介入」之前，可能主力已經準備獲利了結了。只不過在精心佈置的局面下，大戶還會演出「修飾性買進」，所以經常是一手買一手賣同時買進。

許多誤入主力圈套的人們一開始或許還欣喜得意自己買到飆股。不過，有主力操控的股票漲跌是沒有任何邏輯的，一般人根本無從了解。所以，這時只能賭運氣以及堅持不懈的搜集資訊。一旦發現危險，需要採用短打法與其「拚博」，若沒有更好的計畫，可別抱著「還有更高價」的想法，如此，將使資金效率惡化。

02，題材強弱對立價格變動劇烈

意外的高價經常出現於買、賣兩方對立時，一方有人認為「這樣的個股不會上漲」一方有人認為「會上漲」。兩者「賣出」「買進」爭執不下，市場尤其混亂。不過，這裏有機會。

如果信用交易還胡攪蠻纏，股價變動幅度會更大。在買方賣出陷入交戰之際，股價可能突然暴漲。

3，小型股總是打破股價圖

股價圖的功能在於能從股價變動中預測將來。但是，小型股常常跳脫股價圖的規則。因此「股價圖萬能主義」的心態千萬要不得，因為小型股股價只要買賣平衡稍微出現變化，股價就會暴漲暴跌。成交量增加、股價上漲後，明顯人氣化，買賣參與者增多，交易變成多方與空方拚資金力的戰鬥。

小型股可能會在某一天突然漲停，接著還不斷繼續漲停。如果能夠順利買賣，就能享受這種偶發事件的恩惠。

僅僅靠簡單追逐高價的方針，無法成功。即使股價圖上出現股價徐徐上漲的傾向，將來的股價是否繼續這種傾向還是另一碼事。小型股無論在哪個股價位置，都有可能突然到達意外的價格，所以不能做出武斷的判斷。

4，業績變化股必定人氣化

與大型股相比，小型股不容易預見股價的將來。業績處於成長的個股，任何人都會覺得股價上漲不足為奇。即使沒有確切消息，也有可能突然上漲，投資人若能早日把握股價變動，像守株待兔一樣，也有可能捉到「輪到這檔漲了」的股票。

可以說，你能夠發現多少上漲幾率高的股票，決定了小型股投資的勝負。平時的努力不會白費。只要每天努力，股價突然開始受關注時，就能夠在暴漲之前抓住機會。

業績成長股即使利多訊息不知何時會受市場重視，但總有一天會有人氣，持有這樣的股可以提高成功率。換言之，沒有太好的題材，僅僅覺得「還好」的股票最好不要買入。因為小型股投資是機率決定勝負，上漲機率低的就別列為投資對象。

5，小型股一旦出手變動很快

小型股一旦出手變動會很快。一直都會出現漲停，還有連續不斷的漲停。

不僅個人投資者，連法人、外資、證券商也會加入這種股票的買賣。所以不能掉以輕心。要知道這群投機者開盤買進，收盤賣出是家常便飯。

小型股的8個特色

大部份的股票書籍都不推薦小型股，因為投機味道太濃了，而且風險很高，不過，這對手邊本來資金就不多又企求能快速累積財富的散戶，小型股是一個比較多機會的市場。

01小型股總是在動，機會多

小型股沒有很具體的分野，不過，可以先用資本額10億以下為一個簡單的分類，這些小股本的股價變動特徵是，它們並不像中大型股票與加權股價指數連動，而是隨著企業自己特有的基礎指標和題材上下浮動。

大、中型企業的投資者，有很多銀行、基金、法人、外資，所以景氣動向、美國市場的動向對其影響很大。小型股並不是完全不受影響，但相比之下獨立性更強。大型股行情一旦變動，也會很精彩，不過一旦停下來，就會一動不動。這樣，資金使用就沒有效率。也就是說，大型股較適合長期投資的散戶投資人。相較之下小型股有很多行動時機。僅這一點，就會增加很多機會。

01對成交量反應敏感

股價有力量上漲，成交量的增加是重要因素。小型股價格變動劇烈前，通常可以看到成交量增加。當然，也可以看到很多低成交量直接漲停鎖死的個股。

與大型股相較，小型股只要成交量稍微增減，股價就有機會大幅變動，這是小型股的魅力。而成交量的增加與業績、題材、主力動向相關。不過，小型股一旦匯聚人氣，馬上會使成交量增加。人氣化是小型股上漲的重要因素，不過，投資人一旦等到「人氣」態勢明朗化後再買進，往往是失敗的根本原因。投資人總要在小型股行情啟動之前，早日買進才能賺到錢。

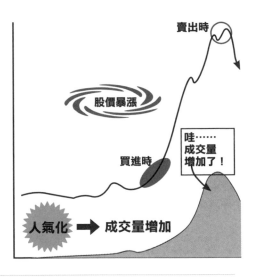

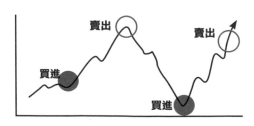

03一旦變動，價格幅度大

　　大型企業的價格變動緩慢，因為流通在外面的籌碼相對多，若只有不算多的買進，不會引起價格大變動。但是，小型股不一樣，只要一些買盤進場股價就可能飛漲，有時還會連續漲停，沒有價格。

　　如果能夠在較早時期抓住時機買進，就能夠大賺一筆。這也是小型股的魅力。

　　小型股價格上漲往往很短命，並且任何人都無法預測上漲價格。因此，必須在成交量開始增加的初期階段就買進。等股價漲到幾倍後，明顯就已經晚了。相對的，當資訊媒體已經明顯反映「人氣化」時，就是尋找賣點的時候。

04外資也會買進的小型股

　　美國納斯達克(NASDAQ)是IT相關成長產業的寶庫。國內電子產業也有很多這樣的成長產業，許多小型的電子股在暴漲的背後有很多是外資的貢獻。

　　當然，證券商和法人投資者也對小型電子股有所著墨。不過，每當美國股市上漲後，資金的餘力增多，小型電子股的買賣會因為外資而變得更活躍。

　　外資喜歡的個股，會對其進行細心的企業調查，比起無厘頭的上漲，有外資加持的小型電子股比較可以安心購買。

　　不過，外資證券極力宣傳目標股價時，有可能已經接近"行情尾聲"，需要做好賣出逃離的準備。外資逃跑也是很迅速的。這一句話一定要銘記在心。

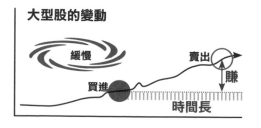

·有成長企業

·其他人買進不多

·PER（本益比）低

·PBR(股價淨值)低

容易獲得差額利潤

這就是小型股與生俱來的魅力

05股市不佳，仍有小型股上漲

小型股不需要巨大資金，即使在市場上沒有流入大量資金時，股價也會上漲。所以經常可以看到加權股價指數在創新低時，小型股也會上漲。因為小型股買賣機會多。中、大型股不具有這樣的魅力。

任何時候，只要股價會動，都能出現賺錢的機會，這是股票投資的魅力所在。小型股容易變動，所以主力大戶和證券公司會使用小型股做生意。

小型股上漲下跌有一定的節奏，可以活用K線圖，找出行情變動的規律並執行：

①徹底在"一時突然下跌"買進
②上漲後，提早賣出逃離
反復運用這樣的方法有機會獲利。

06主力容易出動

股價基本上以業績為背景上漲。不過，業績惡化，股價也有可能上漲。這種行情往往是主力故意買進所產生的。即使業績惡化，股價經常會以其他上漲題材為契機讓股價上漲。

這樣的股價變動在初期買進，危險比較少。喜歡當沖交易的人，可以見勢迅速買賣，獲得利潤。振幅劇烈的小型股，也是適合賺短差的投資人，但小型股賺錢，需要敏捷靈活的行動，買進賣出都要決斷，如果期望過多，可能遭遇暴跌。因此，不能過於貪婪。尤其有主力色彩的股票，當然存在"欺騙"，在價格變動造成人心不穩之前，要迅速兌現利潤。同時，如果沒有相當的準備，就不要跟進主力股。因為，主力總會透過心理戰術，讓你高價不賣出，從而操縱股價。

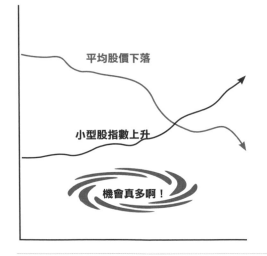

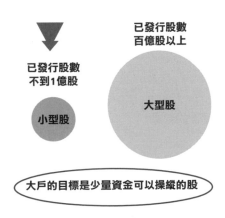

07一個題材就引發漲停

　　小型公司與大企業不同，一個新產品的開發、接受一個新訂單，都會使業績出現驚人變化。對於大企業來說沒有什麼衝擊力的新聞，小型公司可能會引發極端反應，股價容易暴漲。

　　如果題材影響力大，股價可能在瞬間倍增，如果能夠機敏的乘勢而動，即使出手稍晚，也會有一些相應的成果。隨著題材而動的小型股，在新興市場很頻繁，因此，容易讓投資人眼花撩亂。不嚴格選擇股票的話，就會像打地鼠遊戲一樣，沒有頭緒。雖然小型股很投機，不過，投資人只要捉對方向，業績仍會反應在股價，這是永遠不變的道理，因此，有賴投資人平日勤勉的收集資訊，幸運就可能降臨在你的頭上。

08小型股總誠實的反應業績

　　大型股中，有很多業績雖然成長了，但受到大環境影響股價沒有反應。與之相比，小型股總能誠實反映業績。如果出現營收比預期好，股價會馬上飛漲。

　　對於小型股而言，主力大戶虎視眈眈等待著上漲時機，少量的買進會使買賣平衡被打破，股價暴漲。一旦行情啟動就會吸引更多的投入者，開始下一輪的暴漲。因此，可以在短時間內大賺。

　　對於想要投資的公司，平時就應有接觸，深入研究企業推出的產品才容易抓住買賣時機。一旦開始變動，可以馬上乘勢而動。只不過，小型股的買賣需要速度，並小心不能窮追不捨。

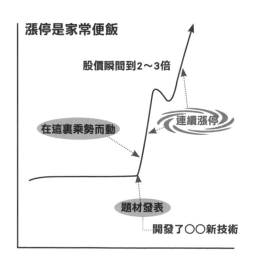

漲停是家常便飯

股價瞬間到2～3倍

在這裏乘勢而動

連續漲停

題材發表

‥‥開發了〇〇新技術

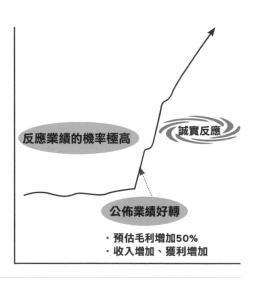

反應業績的機率極高

誠實反應

公佈業績好轉

・預估毛利增加50%
・收入增加、獲利增加

提高投資成功率的12個法則

01買進上漲走勢中的個股

安全、有投資魅力的股價圖呈現右肩上漲的走勢。

整體經濟景氣恢復，若行情處於上升基調，小型股上漲比整體行情厲害。上漲走勢下，即使出現少許買進時機差錯，過了一段時間，行情會再漲回來。所以，盡可能在低價時買進，風險更小。

右肩上升的特徵在於，行情持續上升期間，有充分時間可追趕上漲價格。

企業獲利提高，用本益比來計算股價變便宜，股價將進一步上漲，所以要盡可能選擇上升初期投資。一個接一個的找出這樣的個股，買進。就能不斷的把握獲利機會。

02上漲走勢+突然下跌，買

買進股票時若不小心買到高價，不得不以灰暗的心情等待下一次上漲，對自己很不利，精神上也會疲勞。

股價如果不是相當程度的暴漲，行情總會沿著移動平均線按照上漲後調整、再次上漲後調整的步調上漲。上漲後，一般會出現獲利了結的賣出潮。這樣的賣出對於上升基調的個股來說，是「調整」，也就是借由不斷賣出，儲蓄下一次上漲能量。

要想通過上升基調的小型股賺錢，買進不能太著急。要抓到必定會到來的調整行情。從心理上講，調整局面下可能會買不下手。不過，股票投資如果不反他人之道而行，就絕對賺不了。

高價附近的股價圖如果出現上影線，極有可能是最高價了。

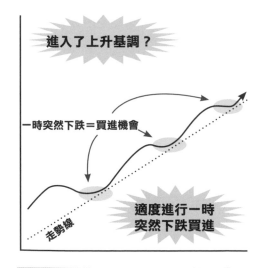

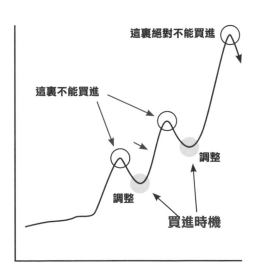

03養成分批買進的習慣

即使股價處於上升基調，也無法簡單判斷該階段是上升還是見頂。

因此，本來處於調整性的下跌，也容易招致不安，要想戰勝下跌不安，投資人要有「抗跌力」，當然，不能完全仰賴心理建設，技術上要採用分批買進的原則。也就是不要一次將所有資金投入，而是細分，減少每次的買進數量。這樣一來，如果下跌買進股票後，就可以以更低價格再買進。不用擔心下跌價格，而是「期待下跌」。

如果能夠這樣想，就可以在一時突然下跌時輕鬆買進。這樣的股票如果反彈，由於買進時有富餘，獲利了結的機會增多。如果能夠真正做到這樣，股票投資就會賺錢。上升基調下，急於一口氣買進是失敗的重要原因。

04飛漲時快要懂得獲利了結

小型股一旦開始變動，股價在瞬間上漲。有時候還會漲停鎖死。這種時候，任何人都會嚷嚷"太好了！"

但是，接下來要如何應對呢?小型股只要稍微有一點不平衡，就可能從漲停轉入跌停。

因此，從機率的角度來看，股價飛漲後，正是獲利了結的時機。如果持有股數多，可以先賣一半。

這樣一來，即使剩下的持有股低於買價，也不會虧損。還有餘裕繼續期待更進一步的高價。如果沒有這個餘裕，就無法安心追趕到最高價。

沒有心理上的富餘，就會急躁的作出判斷。從某方面講，股票交易是一場心理遊戲。

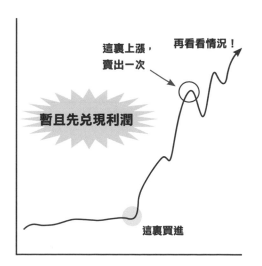

05賣出時，也要分批賣出

運氣好，得以在底價買進了很多股，但不要指望在高價賣出所有持股。

"高價"屬於結果論，只有上帝才知道。身為凡人的我們是不可能知道。所以，要想提高投資效率，應該在持股出現利潤時細分、以一點一點方式確定利潤。一定不能貪心。

提高利潤，機率很重要。賣出時要像在花圃裏一朵一朵摘花一樣，享受快樂的同時獲利出場。之後，如果能出現"進一步一時突然下跌（進一步上漲的初級階段）"可以再次買進。

便宜買進，差不多的時候賣出。反復這樣的動作，透過小型股投資獲利不是夢。但任何股票在到達高價後，如果賣出量急速增加，賣盤將引發更多賣盤，會下跌到無底深淵。如果碰到跌停，就會連本帶利都賠光。

06在成交量增加初期買進

股價開始上漲時，大多數買賣成交量會激增。無論小型股，還是大型股都一樣。成交量的增加，是股價大變動的前兆。由於聚集了人氣，所以買進賣出增加，使股價上漲的能力更強。

在成交量增加時，小型股的股價上漲、下跌幅度很大。稍微的買賣不平衡，小型股都容易胡亂上漲、下跌。

只不過，買賣成交量不會一直持續在高水準。在高價圈內成交量不再增加時，可以賣出的股票減少，只要稍微的賣出也可能引發暴跌。要想在小型股上賺錢，必須在成交量增多的初期買進。明顯出現上漲後再買進，成交量不再增加的高價圈賣出。

要想順利抓住成交量時機，必須從平時開始努力觀察成交量的動向。

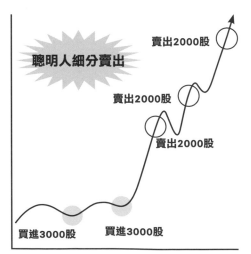

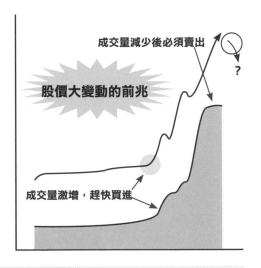

07利多題材在媒體上披露，賣!

報紙上公佈某個公司的正面題材後，股價一般會反應強烈。其中，價格變動快的小型股，經常會漲停。

這種情況下，如何進行投資呢？

早上報紙公佈消息後，馬上買進，極有可能出現"開盤漲停板，收盤跌停板"。如果不是特別好的題材，在買進高潮過後，必定會出現獲利了結的賣出。所以，在早上的時候進場追高價風險太大。

散戶最容易陷入的狀態就是焦急的想"現在不買進，就晚了"。而這種焦急對於賣方而言，是極好的獲利出場機會。所以，小型股出現好題材後，注意:千萬不能在這裏買進。

短期交易小型股就和賭博一樣。聰明人應該把目光放遠一點。

08瞄準業績變化率

常說，股價不會誠實的反映基礎指標(業績)。這句話不可全信。

股價和業績的關係，有一個股價是每股利潤幾倍的標準(PER)。一般而言，利潤增加，股價水準當然會上漲。即使在某個時間利潤增加沒有與股價連動，最終還是會連動。

從這一點來看，深切關注業績變化很重要。尤其，業績向上修正的新聞，對於增加股價勢頭有很大的作用，有時可能以漲停開始。不過，這種情況下，見機行事才是賢明之舉。過度反應必定會被修正。修正後，股市處於弱勢時也是買進機會。從長遠來看，業績變好股價右肩上升可以預測，即使資訊明朗化後，持有該股票也能夠增加獲利的機會。

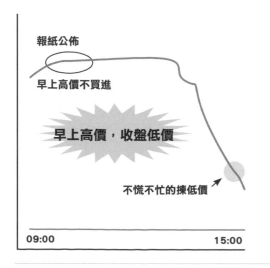

報紙公佈

早上高價不買進

早上高價，收盤低價

不慌不忙的揀低價

09:00　　15:00

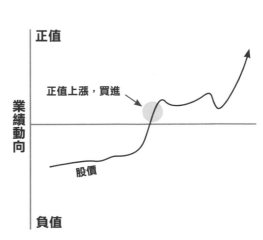

正值

業績動向

正值上漲，買進

股價

負值

09讓聯想力經常發揮作用

要想洞燭先機，平時必須瞭解經濟、產業動向。比如，石油創新高價的新聞出現後，與替代能源相關的企業行情就會馬上變動。

股票市場經常會隨著題材而動。除非投資人本身是某方面的專業，較有可能早一步發掘題材，否則一般投資人只要在某個題材出現後，知道「與這個題材有關的企業」就可以了。

如果不理解股價為什麼會出現波動，就不能懷著十足把握買進。

投資人應該養成觀察股價波動並提早一步想到，下一步什麼行情會受影響?要養成這種經常聯想的習慣。

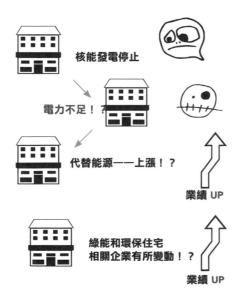

10底價買進後，等待很重要

總是經常對價格上漲的股票出手，只是追逐眼前利益，這種買賣手法無法獲得巨大利潤幅度，投資起來也沒什麼意思。買賣頻繁，享受不到股價上漲的快樂，如果在出現景氣波動前買進產業待漲股就能夠獲得相當大的利潤幅度。

當消費低迷逐漸恢復，可以在「股價過度下跌」中撿便宜股買進。例如，百貨業股明確的業績恢復並不明顯，但實際上股價已經在上漲，不過，上漲局面下也會出現獲利了結的調整局面。但當人氣再度匯聚，還是能得到回報。如果不採用這種「伏擊投資」，可能會買在高價。股價上漲有一定順序。業績良好、股價卻不動的企業，一旦輪到上漲，必定會出現變動。等待時機，獲得巨大差額利潤，是股票投資的基本。

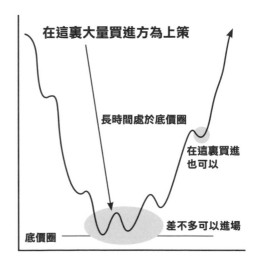

11即使業績惡化，也能買進的股

以百貨業為例，當景氣低迷百貨的業績沒精打采時，與其相關的個股必然不佳。儘管如此，當景氣恢復時，與消費相關的個股必會有所表現。所以，對投資人而言，這種「伏擊策略」是很好用的，最好不要等到業績轉好後，再搶著投入已經晚了。如果能做到這一點，就能搶在別人前面賺到錢。

適合「伏擊策略」的有那一些股票呢?百貨、運輸對景氣反映敏感，景氣好轉，變動也會加快。與運輸相關的像汽車、海運、流通服務在景氣好時也會有不斷買進。預先估測這些動向是股票投資大賺的訣竅所在。有一個成語叫"先發制人"，能夠預測未來的投資者才能獲勝。

12注意信用交易的程度

如果股價看漲，最先增加的是融資餘額，接著，融券餘額也會緊隨在後。也就是認為還會上漲的人繼續信用買進，認為價格過高的人則融券賣出。

股價上漲後，多、空雙方數量都會增加。這是因為對股價的見解不一樣。而這種差異正是股價形成中不可缺少的要素。

行情不可能單方存在，出現成交量是買進和賣出達到相同股數－－買方認為還會上漲，增加買進，賣方認為價格過高增加賣出。最後，任何一方都無法繼續忍耐下去。所以，股價如果上漲過度，特點是信用交易也會到達頂峰。

景氣股

景氣不佳一段時間後
適合買進;
景氣大好一段時間後
適合賣出。
例如:
水泥、塑化、鋼鐵、營建、航運、DRAM、TFT LCD(面板股)等都屬於的景氣股。

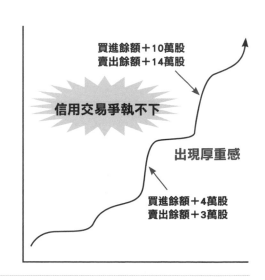

買進餘額＋10萬股
賣出餘額＋14萬股

信用交易爭執不下

出現厚重感

買進餘額＋4萬股
賣出餘額＋3萬股

Day5

如何交易小型股

善變的性格，
讓初學者對小型股怯步，
10項駕馭小型股的要點+
12種買賣小型股的關鍵圖型，
是新手買賣小型股的得力幫手。

駕馭小型股的10項要點

01認真觀察股價圖

股價變動可從股價圖上捉到趨勢。K線和移動平均線繪成基本的股價圖，上漲時股價沿著移動平均線逐漸上升，很容易觀察。

如果短期決勝負，周K線的期間太長，無法瞭解當前的動向。因此，可以觀察日K線。並力行「下跌後買進，股價反彈賣出」這樣的節奏，如果有機會就早點賣出。也就是說，即使小幅的利潤也沒有關係，總之確實獲得利潤比較重要。把利潤變為現金是股票投資成功的關鍵。

堅持這樣的投資風格，偶爾出現暴漲股，要趁早賣出，不要太過貪婪應適時兌現利潤。小型股只要有稍微的不平衡，股價就會急劇變化，所以重視抓住利潤確定的機會。

02哪怕只有一個題材也可以跟進

股價上漲需要某個理由，即使這個理由沒有什麼大不了。

小型股常出現瘋狂的上漲，任何人都很難預料，有時上漲的理由是一個很無厘頭的理由－－因為上漲所以買進，因為買進所以上漲!

在這種走勢下，也可趁勢跟進。

不過，任何人都不知道何處是高價，所以出現一定程度利潤，就要賣出實現利潤。

但如果上漲的原因是業績向上修正、開發新產品，或者接到大訂單，因為證據明確，而且是投資人可以接受的理由，那麼，一般還有可能會再漲一些。

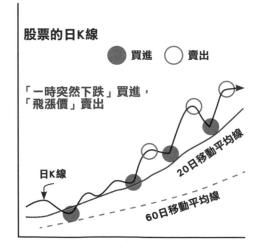

股票的日K線

● 買進　○ 賣出

「一時突然下跌」買進，
「飛漲價」賣出

20日移動平均線

60日移動平均線

日K線

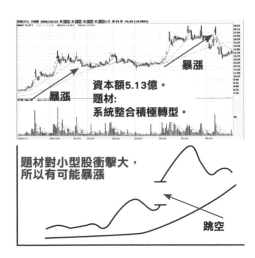

資本額5.13億。
題材:
系統整合積極轉型。

暴漲

暴漲

題材對小型股衝擊大，
所以有可能暴漲

跳空

03經常關注主題

股價變動需要相應的趨勢。隨趨勢而動是小型股投資賺錢的重要一環。其中一個重要因素是「主題」。

比如，有些出現重大經營危機的企業，因透過某些契機而被投資人重新注目，通常會有一段不錯的行情。

所謂「破爛股」的變動就是以這樣的"期待"為背景。企業再生是"好題材"，即使現在業績很差、風評很爛的公司，當出現"破產可能性為零"的消息，股價也會上漲。經營不善的公司，若出現有再生的可能性。一有風聲，就是買進時機。

股票出現新的意外主題後，股價容易對其做出反應。即使是散戶，如果對尋找主題特別敏感，也能夠賺到錢！

04快速抓住業績向上調整的時機

股價勢頭猛烈的最大原因是業績的成長。但問題是，何時能得到這樣的資訊?如果等到報紙披露，只會成為追高價一族，甚至買到最高價。

解決方案一方面可以交叉比對，有那些企業是國內法人與外資都共同買進的標的;另外，也可以運用自己可能知道的資訊，如果是零售業，就經常去店面觀察公司是否有活力。

還有，瞭解特定商品對公司產生的衝擊程度也很重要。即使某種商品銷量不錯，但如果在公司事業中所占比例低，那麼業績上漲的可能性小，對股價影響也會很小。小型股的業績相關的資訊，需要用自己的方式去獲取。

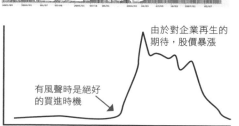

出現重大瑕疵，可能會倒閉。

確定不會倒閉。

由於對企業再生的期待，股價暴漲

有風聲時是絕好的買進時機

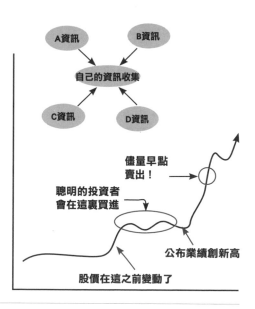

A資訊　B資訊

自己的資訊收集

C資訊　D資訊

儘量早點賣出！

聰明的投資者會在這裏買進

公布業績創新高

股價在這之前變動了

05買進PER便宜的標的

　　無論出現怎樣的題材，即使再有人氣，股價本身也不可能無限度上漲，宣稱「還會上漲」有時是有心人士為了獲利了結的戰略。如果不留神就可能落入陷阱。

　　判斷股價是否妥當，可以參考PER（本益比）。

　　一般來講，便宜股價的PER是10～20倍，若超過60倍以上就過高了。能漲到這麼高的PER證明股票此時很有人氣，但是風險變大。

　　網路泡沫前，有很多莫名其妙的公司，PER曾經高達百倍之譜，但是，最終股價還是回到它合理的本益比。

　　從這個角度來看，投資人頭腦中必須放入PER的資料隨時反應行情是貴?還是便宜?PER值大是因為看漲期待強烈。不過，實際情況如果無法追趕人氣，或者辜負期待，會帶來淒慘的下跌。

指標 "PER" 要放在心上！

10倍以下	…	被低估
10～20倍	…	一般
30～50倍	…	貴
60～200倍	…	不合理吧!

06買進PBR便宜的標的

　　股價的另一個尺度是是PBR（股價淨值比）。它顯示與資產相比，現在的股價處在什麼水準。如果每股淨值是50元，股價50元，PBR就是1倍;股價如果是40元就是0.8倍;股價100元就是2倍。很多人關注的股票股價都在PBR2倍以上。但是，如果這個數字太大，會有很多人認為「太貴了吧」，就會出現獲利了結的情況，相對的，PBR只有0.5倍這樣的冷門股也可能因為便宜而被有心人士悄悄買進。

　　聰明的買進方法是避開PBR過高的個股，而是買進PBR低但公司業績趨漲的個股。小型股人氣化後，一般都會直線上漲，PBR會達到意想不到的數值。冷靜的分析這個數值，就不會撲向過貴的股價。

1倍以下，便宜

每股淨值 ＞ 股價

1倍以上，有人氣但股價貴

每股淨值 ＜ 股價上漲到PBR3倍。過高!

07成交量少時，採「限價妥託」

發現好標的後，散戶投資人常有「必須早點買進」的心態，所以，會採用市價買進的委託方式。如果該檔個股成交量大也無所謂，但是，成交量少的情況下，按市價買進很危險。

買賣股數少的時候，在高價常有賣出的委託單，一不留神，當你發出市價買進妥託時，可能會剛好在很離譜的高價買進。等到事情發生，後悔已經來不及。為了不造成這樣的失敗，雖說可能會冒買不到的風險或需要一些時間等候，但還是採用限價交易好。

小型股通常交易量很少，而且變動很大，一定要爭取買進價格處於有利地位，如此，在未來上漲波動中，就有可能獲得更多的利潤幅度。

預測錯誤後進行停損也是如此。慌忙以市價賣出，可能會賣在超級低價。千萬要注意避免慌亂的買賣妥託。

08成交量大時，採「市價妥託」

如前面所述，小型股的買賣基本原則是採「限價妥託」。不過，當成交量激增時，則建議採市價妥託。

小型股買賣成交量少，但是人氣化後，成交量會突然暴增好幾倍。關注行情表會發現，賣出和買進同時增多，此時，若採限價委託可能無法順利成交，所以，改採容易成交的市價委託，對自己較有利。

小型股的行情可能急速變化，如果太拘泥於細微股價，就會失去機會。

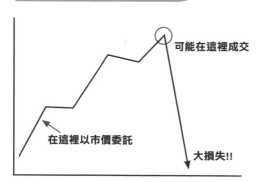

成交量小的情況

可能在這裡成交

在這裡以市價委託

大損失!!

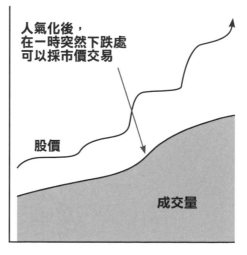

成交量大的情況

人氣化後，
在一時突然下跌處
可以採市價交易

股價

成交量

09不要被高價迷惑而買進

小型股有時會很瘋狂的暴漲，在那種連續陽線或直接跳空上漲的行情下，悠閒等待「一時突然下跌」的過程中，股價可能已經增高好幾倍。

看到這樣的股價變動，很多人就會焦急，認為自己一定要立刻買到手。但是，這樣的變動意味著想要買進的人已經出手完畢了，股價其實已經到達了最高點，此時，就算「一時突然下跌」後有少許反彈，也只是一點點小行情。

主力有可能會設計這樣的股價變動。也就是等到散戶心裡一直咕噥一定要買進時，行情已經接近尾聲了。像這樣的時機，出手是大忌。之前好不容易得到的利潤，由於鬼使神差的高價買進而一下子灰飛煙滅。

10預測錯誤後儘早逃離

股價不會按照預測而動。不按照預測而動才有行情。如果所有的變動和預想的一樣，就不會有人賺錢，也不會有人虧損。問題在於，萬一自己確信「這個會上漲」但實際上卻大幅下跌，此時，如果悠閒的期待"總會上漲"只有損失在不斷增加。

一般而言，買進後下跌15%就應該停損，發現錯誤後更早進行停損才是聰明的。股票投資中，減少損失，增加利潤是鐵則，並儘量避免套牢，否則，重要的資金會沉睡。即使背負少量損失，但還能活用資金換買其他有希望的股票才是上策。慌忙行動的背後是想賺錢的焦急。而焦急則是市場的大敵。

高點買進

趁早行動

低點賣出
虧損嚴重

股價

不要被高價的惡魔迷惑

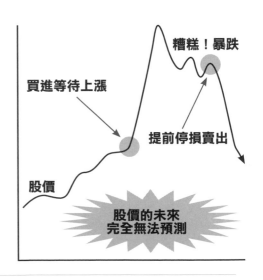

糟糕！暴跌

買進等待上漲

提前停損賣出

股價

股價的未來
完全無法預測

那裡查破産風險的股票?

① 連上:公開資訊觀測站http://newmops.tse.com.tw/
在「各項專區」項下點選「重點財務專區」。

② 選擇要查詢的標的。
「管理股票」的部份要特別留意。

財務重點專區

本專區相關資訊:
- 本專區所揭示資訊係依據上市櫃公司前日輸入資料,比較基礎可能有所差異。
- 本專區資料係取自公司輸入公開資訊觀測站資料,揭露資料如有遺漏不實,由公司依法律規定負責。本專區僅提供財務專業資訊平台供投資人查詢參考,投資人進行投資前仍應詳閱公開資訊觀測站相關財務專業資訊。
- 本專區資料揭露所使用之指標受有限制,揭示結果與各上市櫃公司之管理績效及財務風險無絕對必然之關係,使用者必須自行衡量資訊的價值,本公司不為使用者投資決策及結果擔負任何責任。

請選擇下列市場別

上 市 公 司　　上 櫃 公 司

股票停止買賣者

變更交易方法者

管 理 股 票

全體上櫃公司

按產業類別查詢

按個別公司查詢

③ 為什麼會被列入「財務重點專區」?
投資人可以詳細檢查說明項目。

產業類別	證券代號	公司名稱	股價(元)	指標1 現行股票交易方式	指標2 最近三年度稅後損益(仟元)			指標3 財務結構 負債比率(%)	流動比率(%)	指標4 最近二年度及最近期營業活動淨現金流量(仟元)			指標5 董監及大股東設質比率(%)	指標6 資金貸與餘額占淨值比率(%)	指標7 背書保證額占淨值比率(%)	指標8 董事、監察人連續3個月持股成數不足者	指標9 其他
管理股票	1107	建台	9702 -1.73	管理股票	94 -204,347	95 -269,400	96 -372,100	108.26	0.12	95 -65,425	96 7,306	9702 46,042	0.00	-42.85	-31.12	有 詳細資料	有 詳細資料
管理股票	2410	鼎大科技	9702 -3.25	管理股票	94 -325,476	95 -3,165,503	96 -181,182	188.94	0.09	95 -412,487	96 -11,396	9702 -5,239	0.00	-35.75	0.00	無	有 詳細資料

小型股的6個買進信號

法人機構認為小型股流動性不佳，很難大量「買進」「賣出」，所以，小型股的市場，對手以個人投資者為主。如此高風險的交易標的，是需要花功夫研究的。

確認不會倒閉並成長有想像空間

跟低價股一樣，首先，要選擇的不是人氣化的個股，以小型而言，股票人氣化後才買進，是無法獲得大利潤的，最好的方式是能用自己的眼睛去實地考察，或想辦法找在那家企業上班的人打探消息，可別以為這樣子做很麻煩，許多散戶能靠著小型股賺進大把鈔票就是用這一招最傳統的方式選股，當然，最應該首要確認的是企業不會倒閉。再者，就是要把目標集中在將來會出現好業績的個股。有了這種思維，投資人就不會買進現在大幅變動的股票。為什麼呢？因為很有可能抓到主力丟出來的最後一棒。為了避免類似事情發生，應該集中投資在將來會出現好業績的股票。

值不值得投資跟它現在公司大小、股價高低，沒有絕對的相關性，重要的是這一家公司有沒有「成長的想像空間」，不可以盲目的只買低價的破爛股、二流股、三流股「即使再小，如果是沒有成長想像空間的公司，也不值得買進」而最好的方式是投資人提早一步買進未來有成長的小型低價股。

早賣出，晚買進

股票買賣中，賣出要趁早，買進要慢慢等待時機。

賣出股票能獲利，買進的那一瞬間是最重要的。換言之，如果高價買進，在賣出的時候就難以獲得相當的利潤。如此，投資人總會強烈希望「再上漲一點」，結果等來等去的結果，股價又跌了……

如果能夠成功在低價買進，由於出現了利潤，所以股價上漲勢頭減弱後，任何時候都可以輕鬆的「獲利了結」。股價下跌局面下，容易急躁的投資人會耐不住性子認為「快買進」。但是，沒有想到後面還出現更低價……

所以重要的是確認買進的是在低價圈。要想獲利，在買進前要有巴菲特的精神仔細觀察，並耐心等待，賣出時不要過於貪婪，要能做到這一點，才能提高賺錢的可能性。

賣出後價格上漲，有的人會後悔，心想:當時再稍微等一下就好了……，這是錯誤的。

該賣時應該迅速切斷才是關鍵。

所以，總結起來就是要「晚一點買進，早一點賣出」。

本文以下將介紹六種對付小型股買進很有效的股價圖型態，可以做為投資人交易時的參考。

關鍵圖形 1:從V型底反彈,買進!

小型股的價格變動劇烈,有人認為小型股打破股價圖規則變動的很多。

事實確實如此,不過,也不完全正確,如果經常觀察日K圖和周K圖還是可以找到很明顯的進出點。

典型的信號就是「V型底」。

本例是一家小股本的IC設計公司,在一段很長時間的下跌走勢下,股價到達10元以下,出現一時突然下跌的

同時開始往上漲。但是,成交量卻沒什麼太大變化,業績也不太好,但事實上股價卻不可思議的上漲。這樣的小型股走勢非常多見。換言之,「上漲就是題材」。

觀察小型股,類似的V字底股價圖有很多。這是長時間下跌(股價調整)後的反彈,趁勢而動風險小。

月份	月營收(單位:千)
2007.11	30,016
2007.12	32,174
2008.01	23,832
2008.02	25,329
2008.03	23,333
2008.04	24,073
流通股本:2.83億	

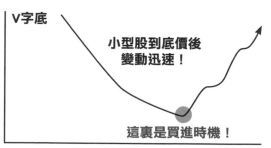

V字底

小型股到底價後變動迅速!

這裏是買進時機!

小型股一旦從底價開始上漲,速度會很快。

關鍵圖形2:從雙底反彈,買進!

從雙底開始的反彈,大型股和中型股都會出現。不過,小型股的變動更加明顯。這個形狀很醒目。與V字底不同,雙底的形成通常伴隨業績變化。比如,本例的耕興(6146)當時因具備利多題材,從雙底開始反彈。也就是說,由於業績好轉,股價又形成雙底,更容易到達高價。

既然是從底價開始,以前應該有一個較長的下跌過程,讓想賣股票的人把手中的持股賣光,一旦企業注入新的題材(或者產業、或者業績),如此,供需關係形成需求大於供給,股價就會上漲。股價上漲,前提是賣出比買進少(買進優勢)。形成雙底的個股,賣出減少後大幅度上漲,需要兩項條件:

①業績好轉、長期下跌結束。
②轉換為上漲波動。

反過來講,如果不具備這兩個條件,股價上漲有限。

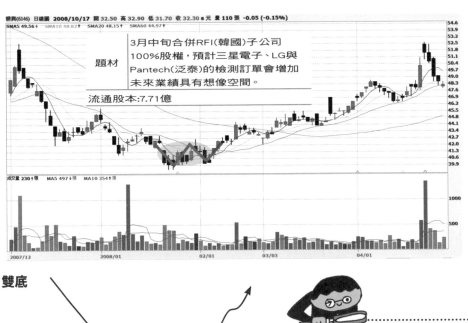

3月中旬合併RFI(韓國)子公司100%股權,預計三星電子、LG與Pantech(泛泰)的檢測訂單會增加未來業績具有想像空間。

流通股本:7.71億

雙底

這裏買進

小型股的反彈勢頭強勁,確定是底價時,可以集中買進。

關鍵圖形3:從長期持平反彈,買進!

在狹窄範圍內股價在低水準長期盤整,伴隨成交量變化形成的類型,是小型股中上漲最厲害的形狀。

本範例股本只有4.2億,由股價圖來看就是這樣的形狀。

從變動的特徵,這一類型的股價圖又可分為成交量沒有明顯變化的和成交量一直增加的。

若是上漲初期成交量不變化的企業,極有可能與主力較有密切相關。也就是説,大戶與主力早期就安排好安安靜靜的聚集買進。

所以在長時間內,這些主力可以在很便宜地方就收集好股票,而且,通常要正式把股價拉上去之前常常會有一小段「裝飾性的暴跌」,目的是讓主力以低價成本買入,在這一階段買進的投資人往往會出乎意料的多,這一點需要注意。

投資這樣的股票,若無法早一點卡位,也要在成交量開始增加的階段買入。若晚了一步反而容易陷入危險。

第5天——如何交易小型股

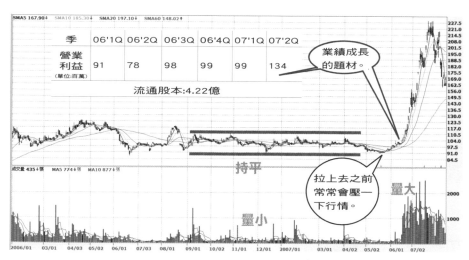

季	06'1Q	06'2Q	06'3Q	06'4Q	07'1Q	07'2Q
營業利益 (單位:百萬)	91	78	98	99	99	134

流通股本:4.22億

業績成長的題材。

持平

量小

拉上去之前常常會壓一下行情。

量大

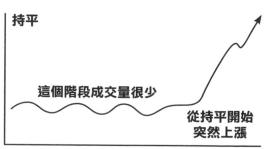

持平

這個階段成交量很少

從持平開始突然上漲

出現題材,或者出現主力介入的謠言。如果剛開始沒有趕上買進,最好放棄。

關鍵圖形4:初期跳空暴漲，快買進！

小型股流通的股數少，少量的買進就可能出現暴漲。所以常常會看到不突破持平則已，一突破就直接跳空上漲。觀察這樣的股價變動，會發現跳空常發生在股價暴漲初期。也就是說，跳空時是買進時機。一般而言，急速上漲的跳空行情，發生在中、大型股將會出現「填空」的調整，但小型股(本例精威(6199)流通股本6.28億)初期的跳空伴隨

成交量也增加，之後引發暴跌的可能性比較小。

這樣的圖形意味著在過去一段時間內儲蓄了追趕高價的能量。為了好好利用這個走勢，要徹底貫徹「早買進、早撤退」的短期決勝負方式。

如果能夠順利抓住暴漲股，心情會好很多。但是，由於有可能反轉、下跌，所以過於貪婪絕對是禁忌。投資這樣的個股不成功的原因往往是投資人「無理的期望過高」所致。

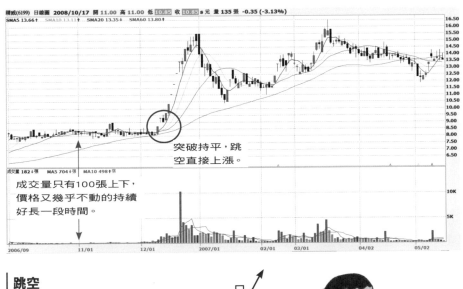

突破持平，跳空直接上漲。

成交量只有100張上下，價格又幾乎不動的持續好長一段時間。

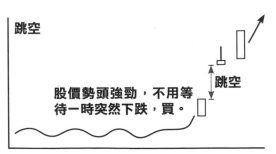

跳空

股價勢頭強勁，不用等待一時突然下跌，買。

跳空

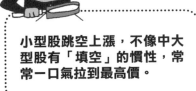

小型股跳空上漲，不像中大型股有「填空」的慣性，常常一口氣拉到最高價。

關鍵圖形 5:跌勢+下影線，溫和上漲

下影線是賣出結束，也就是意味著買進的開始，這是股價反轉很明確的信號（但不是絕對，若大環境很差，下影線再漂亮也照跌不誤）。

拋售勢頭強勁從而下跌，但投資人因為股價下跌而認為「價錢合適」於是買進開始，如此就會出現下影線，所以顯示了買進能量強勢。

在跌勢中出現下影線的信號後，反轉上漲的小型股非常的多。

跌勢中出現下影線的信號股價並不會立刻暴漲，通常是先溫和的向右肩上漲，一旦上漲的的趨勢強烈，最後也會有暴漲，所以，買進下影線出現的股票並持有一段時間，獲利機率大。再者，下影線所帶出的的反轉上漲屬於「欺騙和資訊操縱型」的暴漲行情較少見，適合踏實型的投資者做為買進的方法。

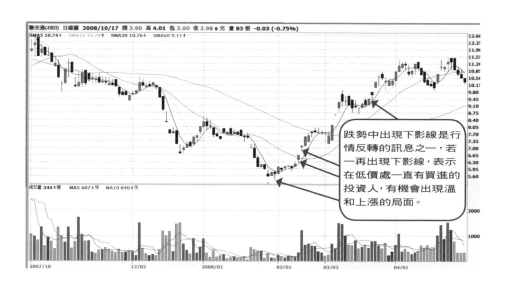

跌勢中出現下影線是行情反轉的訊息之一，若一再出現下影線，表示在低價處一直有買進的投資人，有機會出現溫和上漲的局面。

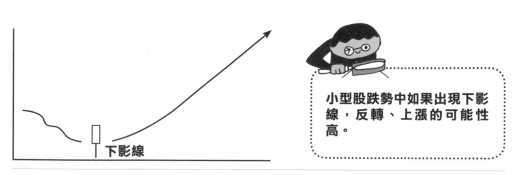

小型股跌勢中如果出現下影線，反轉、上漲的可能性高。

下影線

關鍵圖形6:從黃金交叉反彈,買進!

股價圖理論中,有一個名詞叫作黃金交叉。以周K線圖為例,短期的移動平均線(如13周)向上穿過長期的移動平均線(如26周)時,出現的信號就是黃金交叉,顯示股價進入上漲基調。

小型股的股價變動很劇烈,當暴漲後會出現黃金交叉信號,從股價變動來看,之後通常還有很大的上漲餘地。

也就是說,確認黃金交叉後買進,還有充份的餘裕去期待股價上漲。

以下圖(流通股本8.09億,新復興)為例,從周K線圖來看,黃金交叉出現過兩次,兩次股價都有很好的漲勢。從移動平均線看股價趨勢比較籠統,不過還是可以預測上漲機會。

周K線圖的黃金交叉買進,適合運用於中期交易。不過,任何指標畢竟不是萬能的,尤其是小型股更是如此,一定要掌握「晚一點買進,早一點賣出」的原則,這樣就更容易賺到錢。

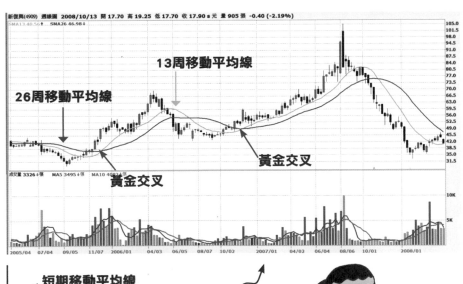

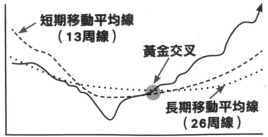

短期移動平均線向上穿透長期移動平均線出現黃金交叉是買進信號!

看不懂財報怎麼辦？

□ 上網問人　　✔ 有系統學習

片段學習，
愈問愈花

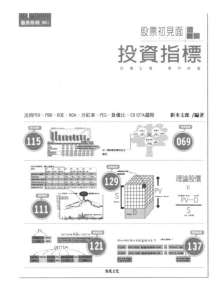

電話:02-27369882　傳真:02-27338407

http://www.book2000.com.tw

小型股的6個賣出信號

關鍵圖形1:偏離過大+大陰線,賣!

　　小型股上漲後,極有可能形成「呆立不動」的狀態。股價圖上,過度上漲使得與股價與長期移動平均線偏離擴大,本來已經賺到一筆的投資人開始意識到「行情過熱了」。一旦出現這種反應,獲利了結的賣出有可能一窩蜂的出籠而出現技術性賣出信號。

　　發生這種情況,反應在股價圖上就是出現大陰線,所以,此時,下跌趨勢強,因為買方會縮手,毫不疑問,這是一定要趕快賣出的時候。

　　小型股與普通股票不同,參與的人大都是思考方式差不多的散戶,發現長黑棒,而且漲幅已經達到一定程度(可由偏離長期移動平均線判斷),有獲利的投資人一定不吝賣出,所以股價容易在瞬間大幅下跌,因此,偏離擴大後出現大陰線時要果斷賣出。不過,行情往下壓偏離縮小後,股價有可能會再次反彈。以本例,個股本業表現不錯,但遇到2008金融大海嘯,股價也難有表現。

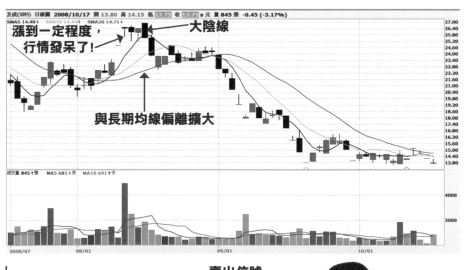

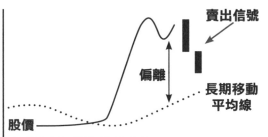

上漲程度已經大幅偏離移動平均線,顯示下跌即將臨近,要趕快賣出。

2:出現上影線後的下跌，賣！

小型股開始上漲後，會迅速上漲，通常會到達意想不到的股價水準。但是，達到高價後的下跌也很嚴重。

範例是營建股宏都(5523)，流通資本是10.9億，幾乎是毫無意外的每打到一波高價留下上影線，隔天再出現陰線，行情就重挫一段時間。

遇到這種情況，投資人千萬不能拿業績或題材堅信股價還會再上漲，只要是上漲途中出現上影線隔日再出現下跌的陰線一定要迅速賣出，不能觀望。

小型股到達高價很迅速，不過下跌也很快，因此不能掉以輕心。找出個股變動的調性，做多做空的投資人就能運用一些小技巧，在短線投機上賺到錢。

而當整體行情處於上漲時，股價即使到達當時的高價圈，經過調整也是有機會再上攻高價的，尤其業績好的個股可能性極大。所以，短線鎖定小型股操作的投資人還是需要機敏行事。

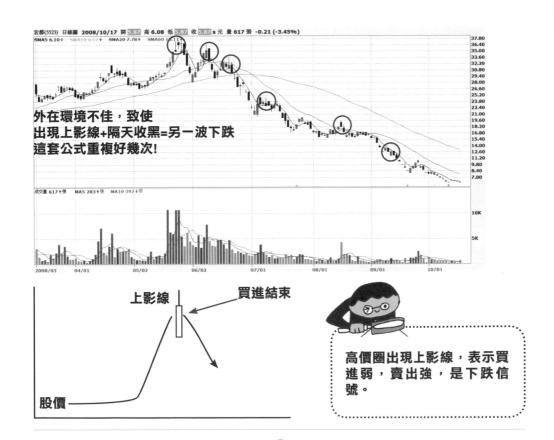

外在環境不佳，致使
出現上影線+隔天收黑=另一波下跌
這套公式重複好幾次!

上影線　　　　　買進結束

股價

高價圈出現上影線，表示買進弱，賣出強，是下跌信號。

關鍵圖形 3:M頭(或三重頂)後，賣！

小型股另一個特徵是中、大型股經常出現的M頭或多重頂比較少。因為買賣股數少，賣出和買進容易向一個方向傾斜。因此，投資人千萬別如同一般股票般的等待「再次反彈」這是很危險。因為你這一遲疑可能得等上幾年股價還沒有等到成本價。

本例是流通股本3.07億的全達(8068)的日K線圖，像這樣在頭部出現打了三次頂的情況在小型股並不多見，一般小型股都只有一次到達超級不可思議的高價之後就下跌。

瞭解這一點對於投資人在設定投資戰略時很重要，也就是萬一投資人沒有早點在高價落跑，就別期望像一般型股票還有逃命的機會。

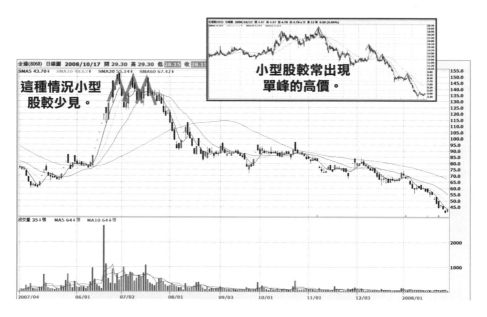

小型股較常出現單峰的高價。

全達(8068) 日線圖 2008/10/17 開 29.30 高 29.30 低 28.15 收 28.15
SMA5 43.70↓ SMA10 46.63↓ SMA20 55.14↓ SMA60 67.42↓

這種情況小型股較少見。

成交量 35↓張 MA5 64↓張 MA10 64↓張

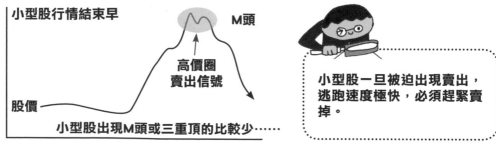

小型股行情結束早

M頭

高價圈賣出信號

股價

小型股出現M頭或三重頂的比較少……

小型股一旦被迫出現賣出，逃跑速度極快，必須趕緊賣掉。

關鍵圖形4:股價向下穿透均線成銳角

暴漲暴跌是小型股的特性。範例是金利(5383)的下跌過程。行情從60元開始下跌,投資人若不小心在高價買入,當發現13週移動平均線已經以銳角切入26周移動平均線時,就該評估大勢不妙,應立刻賣出。

從長遠來看,投資人當然也可以抱著股價可能「復活」的盼望,不過,若股價格局大勢已去,這一段等待的過程將使得資金效率惡化。在短期內,很難保證反彈後會重新回到高價。

小型股若處於下跌局面,無須爭論,「逃脫」很關鍵。買賣小型股失敗的人多半是「逃得太慢」的人。

開始下跌後賣出,開始上漲後買進——規律的反復如此買賣,才是小型股確保利潤的正確方法。

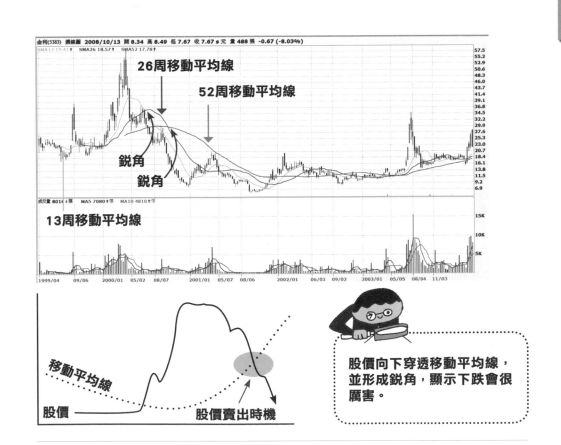

股價向下穿透移動平均線,並形成銳角,顯示下跌會很厲害。

5:從高價圈跳空下跌，賣！

短期內劇烈變動的小型股意味著買賣時機增多，當然這也有不好之處。

上漲時跳空，下跌時也跳空。

容易出現這樣的股價變動是小型股的特徵之一。因此，上漲明確，動人心弦。相反的一旦下跌，就會有很多人恐慌的賣出。

對於投機者來說，行情有波動就是好事，但是一般散戶可能會神經受傷。不要說輕鬆快樂的買賣了，整天都要精神緊張、神經兮兮。這太累了……

因此，不去想未來，通過眼前的上漲下跌反復買賣的"當沖交易"在個人投資者中很流行。從迴避風險的角度來看，這一招也是一種方法。

股價的未來，任何人都無從知道。因為不知道，所以才形成行情，意外性也極強。這正是小型股的魅力，也是它的可怕之處。流通股本只有5.79的萬潤(6187)跳空下跌的信號出現時，如果沒有抓住賣出時機，投資人將遭遇巨大損失。請謹記，高價圈跳空下跌，快溜。

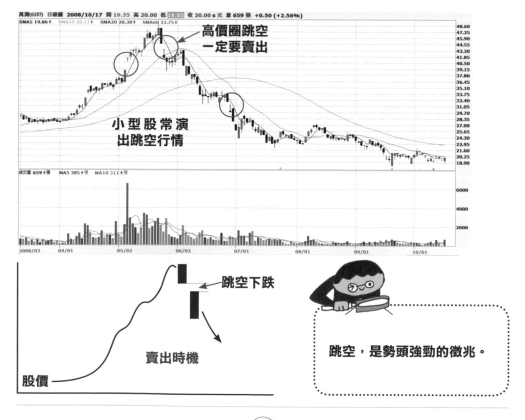

萬潤(6187) 日線圖 2008/10/17 開 19.35 高 20.00 低 18.85 收 20.00 s 元 量 659 張 +0.50 (+2.56%)

高價圈跳空一定要賣出

小型股常演出跳空行情

跳空下跌

賣出時機

股價

跳空，是勢頭強勁的徵兆。

關鍵圖形6:出現死亡交叉後，賣！

黃金交叉是買進信號，死亡交叉是賣出信號。

比如，周K線中13周移動平均線下跌低於長期26周移動平均線，出現的信號就是死亡交叉，這是明顯的賣出信號。任何股價都有高價圈，行情總會由高價圈轉入下跌。出現死亡交叉時，意味著股價太高了，投資人若堅信「必定還會有更高價」而抱著渺茫的希望繼續持有股票，很可能就會進入最壞的長期低迷期，這樣一來，持有股票就會縮水，如果沒有停損賣出，一直等待行情，既有的資金也將一直沉睡。而股票投資中，讓資金沉睡是很不好的事。

在死亡交叉處賣出，或者賠掉一點，或者賺少一點，通常不會有太大差錯。若你是短期交易者，請確認周線圖並不要在出現死亡交叉後進場，因為顯然此時行情已進入長期低落走勢，即使想要進行短期差價獲利也不容易賺到錢。

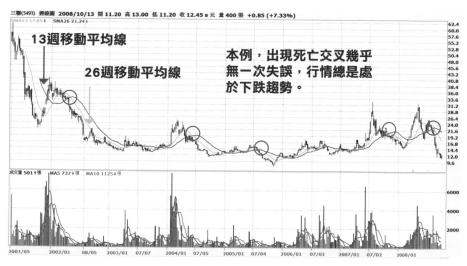

三聯(5493) 週線圖 2008/10/13 開 11.20 高 13.00 低 11.20 收 12.45 s 元 量 400 張 +0.85 (+7.33%)

13週移動平均線

26週移動平均線

本例，出現死亡交叉幾乎無一次失誤，行情總是處於下跌趨勢。

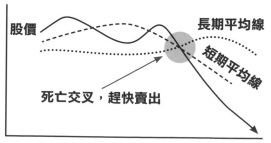

股價

長期平均線

短期平均線

死亡交叉，趕快賣出

出現死亡交叉而不賣出，會失去時機。

Day6

股價圖&IPO

股票投資技術浩瀚如海，

6種關鍵技術圖表+

7種IPO的看盤法，

都是小額投資人能輕鬆獲利的入門版。

6種股票基本技術圖形

關鍵圖形1:運用走勢線讀取股價

股價變動反復的上漲、持平、下跌,趨勢形成後,股價會持繼同樣趨勢一段時間,直到某種因素強力影響才會改變。所以,投資人要學會判讀股價的走勢,在上漲局面下持續持有股票,下跌局面下迅速賣出。

簡單來說,就是需要判斷股價現在是在做頭(高價圈)還是築底(低價圈)若能從圖中趁早預測之後的變動,是讓股票交易成功的重要技術。

再者,投資之前要先從月、週、日K線圖走勢線一起判讀,若月線圖是上漲趨勢,周線也是上漲走勢,那麼,日線也是上漲走勢的話買進持有就更安全了。反之亦然。

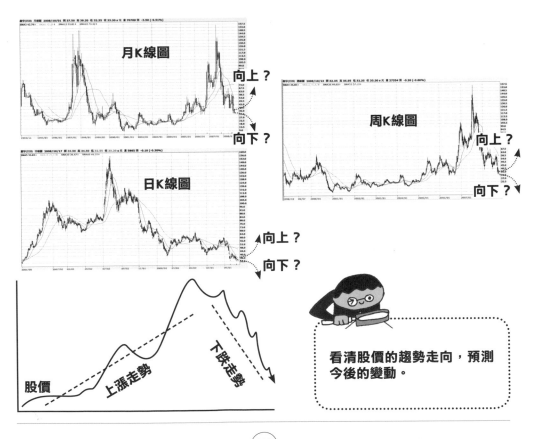

看清股價的趨勢走向,預測今後的變動。

關鍵圖形 2:支撐線和壓力線

想弄清股價的變動趨勢，必須瞭解「來到這裏後賣出」的壓力線，和「來到這裏後買進」的支撐線。

股價不僅僅上漲或下跌，還會以持平的形式，在某個範圍平靜的變化著。而這樣的持平趨勢，將在某個題材出現時，突破壓力線更進一步上漲或是跌破支撐線進一步下跌。若是突破上漲壓力線，那麼，股價的上漲就沒有上限了，

如此，以前的「壓力線」就會變成股價在這裡不容易下跌的「新的支撐線」。依此類推。

從買賣的角度看，以一定節奏變動的個股，很容易看懂，行情也不難掌握。

當然，股票走勢不會總是在同樣範圍內反復變動。當某個題材出現，股價就會跨出這個反復的範圍，也就是說這種持平的反復變動，會受下一階段的題材又出現新局面。

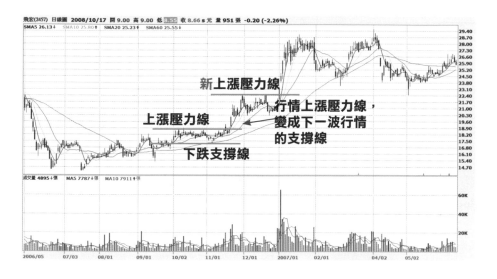

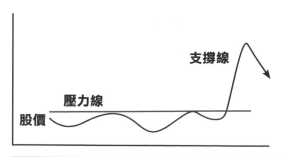

持平股價中，可以關注上漲壓力線、下跌支撐線。

關鍵圖形 3:破壞三角持平後的股價方向

持平,一定是方形的嗎?不!持平也有各種各樣的三角形狀,三角形的上面一樣是壓力線下面一樣是支撐線,它「好用」的程度不下於水平形態。

投資人可以觀察周K線,如果能夠發現三角持平的形狀,再配合個股的業績推移,看準個股的人氣度,從股價、成交量變化,不難看出股價的下一步變動,若能依此變動再應用到日K線圖,

將會是研判行情的得力工具。

三角持平中,可以讀出上漲基調的典型例子,就是形成上漲三角旗――股價的上漲、下跌幅度逐漸變小的過程中,積蓄能量,通常股價會轉入上漲。此時,成交量明顯變多。尤其如果三角旗形出現在底價圈準確度更高。相對的,如果股價不是向上突破三角形的壓力線,而是往下跌破支撐線並出現了大陰線,就可能是下一波下跌的趨勢的開始。

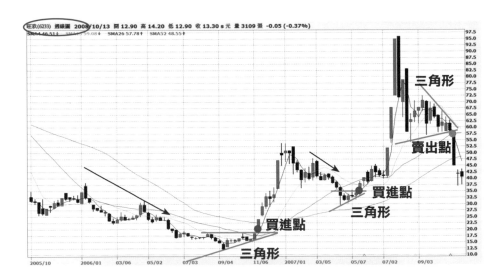

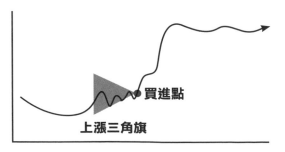

上漲三角旗

三角持平中,重點在確認最後階段股價會何去何從。

　　十字線是指股價有高價和低價，但是開盤價和收盤價相同。十字線的出現表示「猶豫不決」、「轉換點」所以，漲多了出現十字線就容易下跌，但跌多了出現十字線也有可能繼續下跌或上漲，一般都會以十字線出現之後的那一根K棒為判斷，也就是說，十字線的最高價就是壓力，下一根K棒的收盤價如果高過十字線的最高價，顯然還會繼續上漲。而下跌走勢出現十字線若形狀是留下一根長下影線的「T」字線，如此通常是上漲趨勢。

　　從機率角度來看，十字線與其下一根K線的組合「預告」的走勢很具參考性，但如果十字線出現得很頻繁，準度就不那麼高了。一般常聽到的北方十字線就是漲勢中出現的十字線，之後趨勢可能轉為下跌;南方十字線就是跌勢中出現的十字線，之後趨勢可能轉為上漲。

第 6 天──股價圖&IPO

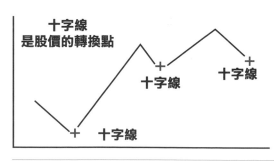

十字線
是股價的轉換點

十字線

十字線

十字線

股價的開端和結尾都一樣，這是賣出和買進勢均力敵的證據。

5:在周K線中活用KD指標

KD隨機指標是投資人常用來判斷買賣的指標,它是計算股價上漲、下跌的變動幅度,從而判斷股價是昂貴還是便宜的方法。

觀察KD隨機指標,可以知道現在的股價是「買進過度」還是「賣出過度」。KD值在80%以上表示股價已進入高價圈;KD值20%以下表示進入低價圈。因此,可以採取「20%買進,80%賣出」戰術。

這個信號包括快速線K值和慢速線D值兩種,兩者的交點也是買賣時機。當快速線K值從上而下穿透慢速線D值時,也稱為「死亡交叉」是賣出時機;反過來則稱為「黃金交叉」是買進時機。

KD在高檔出現死亡交叉是很強烈的賣出訊號;在低檔出現黃金交叉是很強的買進訊號。投資人除了用日線圖看KD外也可以活用周線圖中的KD指標,鎖定周KD低檔黃金交叉的個股,再觀察日K線圖,成功機會更高。

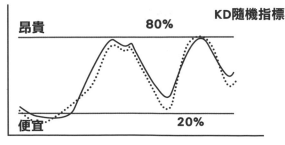

KD隨機指標是投資人的好幫手,應該活用。

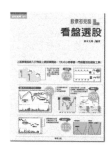
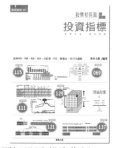

7種IPO基本技術圖形

低價股與小型股另一個值得關注的題材是IPO(Initial Public Offer)，也就是首次公開發行的股票。

是什麼樣的公司才會IPO呢？

幾乎都是發展勢頭好的公司。不過，最初公開發行的初始價卻受當時整體投資環境的影響很大。有時候開始於突然漲停，有時又開始於很低的價錢。IPO的股價由投資資金的流入規模、供需關係主導，跟企業本身發展的未來並沒有絕對的關係，所以，買賣初公開發行的企業，可以從這些微妙的變化找出獲利的模式。

和其他股票相比，IPO的股票變動是最戲劇性的，行情不是過度的向上走，就是過度的向下走。由於股票是人在進行交易，所以有時強勢一邊倒，有時弱勢一邊倒。IPO股的行情受人的心理影響很大，只要掌握「明顯過度」的高價或低價，投資人的交易重點就在於面對這種「明顯過度」的情況如何快速反應。

「出乎意料的行情」本來就無法預測，在IPO股票群中更要有隨時遇到「意外」的心理準備。以下歸納出7種常見的IPO股價圖形，做為投資人進出時點的參考。

關鍵圖形1:暴跌後出現下影線

早期IPO的股票都有一段蜜月行情,若是已經有點股齡的投資人一定不會忘記,有一陣子新股抽簽就跟中樂透一樣。不過,那已經是陳年往事了。

IPO的股票很重視一開始的行情,本例金居(8358)一開始股價還算比較順,第二周股價就暴跌了,從股價圖來看,可以想像這一檔股票在公開發行前借著承銷的證券公司努力和以前的好

評,初價算過得去,但第二、三周卻出現賣出潮,股價暴跌。

由此可以看出,投資人沒有十足十的把握不要因媒體的宣傳而第一時間買進IPO,要觀察股價動向,在一時突然下跌處買進。像這樣的股價圖形,在出現下影線後可以進場,表示在那個低價點有人開始承接,買進後若股價已出現上影線,又沒有重大的利多消息,就先出場吧!做到這一點,才會有賺錢的機會。

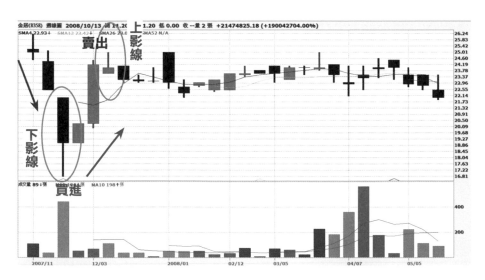

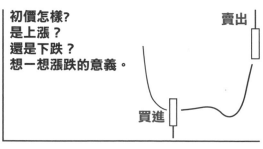

初價怎樣?
是上漲?
還是下跌?
想一想漲跌的意義。

賣出

買進

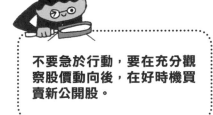

不要急於行動,要在充分觀察股價動向後,在好時機買賣新公開股。

2:**與業績比初價低，買**

有些IPO的個股，業績與產業前景好，這種新公開股由於業績好、發行股數少，一般都很有人氣。不過，這種企業也有沒蜜月期的時候，比方說上市的時間整體經濟環境並不佳而致得初價很便宜。如果是這種「非戰之罪」使得股價初期沒有表現，因為投資人對其業績還是有信心，所以，從股價圖上會出現水平波動的情況，這樣的股價變動作為

投資對象非常有魅力。一旦隨著正常評價出現，股價會被追趕到意外高價處。

原相（3227）就是這樣的例子，2006年5月上櫃前業績勢頭良好，但股價一開始並沒有一起跑就上漲。

這樣的便宜股票應該毫不猶豫地買進。事業內容具有潛力的公司，如果IPO價格便宜，儘管大環境不好，股價也跌不下去，就值得買進。可以等出現長上影線，意味著股價上檔有壓力再賣出。

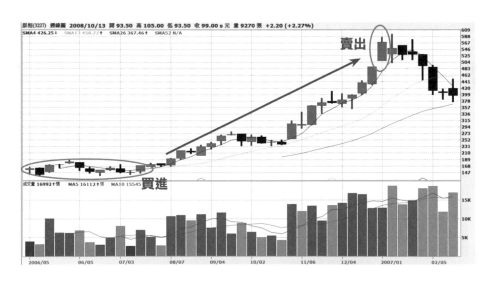

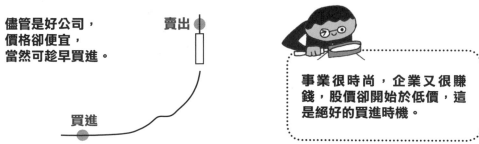

儘管是好公司，
價格卻便宜，
當然可趁早買進。

賣出

買進

事業很時尚，企業又很賺錢，股價卻開始於低價，這是絕好的買進時機。

關鍵圖形3:極端的股價,等待低價

IPO發行股數少,隨著賣方和買方的主觀意念,股價急劇變動。這一頁的例子都是股價一開始就暴跌,後來還出現比一開始暴跌更嚴重的低價,這樣的行情變動當出現第一個止跌訊號一長下影線時,就可以買進,等待出現上影線再賣出。

要採用這種交易策略當然得先研究該企業前景與業績,若發現未來是樂觀的,那麼,可以把初上市的暴跌視為投資者和發行公司為了籌措資金而進行賣出。此時投資人應該確認股價暴跌後的最低價並耐心持有等待上漲。這種一上市就暴跌的股,有可能在停止跌勢後就開始上漲,而且一旦開始上漲就出現不小的行情,是值得買的投資標的,如果有類似走勢的初發行股,可以以這樣方式觀察。

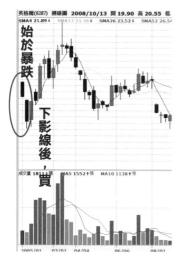

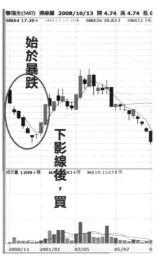

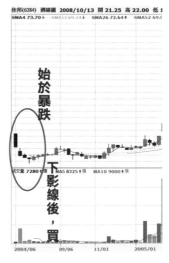

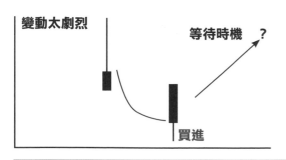

一開市就出現上影線(或長黑線)後,等之後出現下影線,就可買進。

關鍵圖形4:注意開始於平盤後的動向

IPO股價如果開始於持平、十字線（初價和終價相同），表示買進和賣出勢均力敵。

問題在於下一階段是向上走還是向下走。一面要看股價圖形，另一面要觀察基本面，2005年3月精星(8138)初掛牌上櫃時，營收和獲利並沒有特別的表現，但也不是很差，對於小型股而言，

初公開發行影響股價關鍵點是供需，若沒有重大的利空，而一開始又是買方、賣方勢均力敵的情況就值得短期買進。

雖然業績沒有特殊的表現，但小型股「上漲本身就是題材」，容易出現上漲吸引追漲的買家，這是大型股不會出現的變動。

從持平開始的IPO股如果向上走，那麼買進獲利的勝算極大。

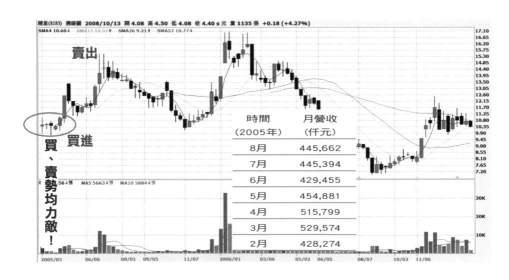

時間（2005年）	月營收（仟元）
8月	445,662
7月	445,394
6月	429,455
5月	454,881
4月	515,799
3月	529,574
2月	428,274

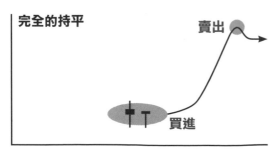

股價如果平靜開始，買進的機會就多，可以不慌不忙的買進。

關鍵圖形 5:初上市就出現下影線,買

從技術分析來看,下影線表示股價低點有買盤接手。IPO股價第一根K線就收下影線,說明從最開始就出現買進時機。

這裏所舉的例子是2008年元上櫃的幸康(3332),上市第一天的收盤價格只有35.75元,若以2007年的稅後EPS計算,本益比只有6.1倍,以從事電源供器這種熱門產業外加不錯的獲利,這麼

低的本益比顯然是便宜,且第一周就留下了一根下影線。

出現這樣低的初始價可以買進。

不是IPO的個股,如果出現下影線,還需要考慮到之前股價變動的高檔賣出壓力。如果是IPO股票,就不需太擔心。

股價上漲會聚集買氣,雖然在追價過程中也會出現獲利了結的賣出,但等態勢明顯「太高」了,再逃離還不晚。

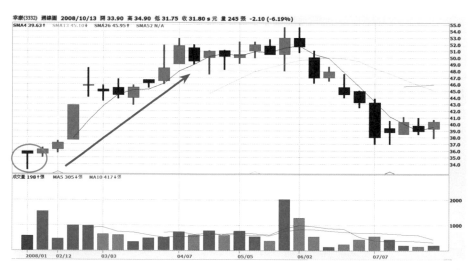

以下影線開始,買進。

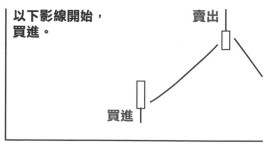

下影線是低價有人買進的標誌,如果買進,股價上漲機率高,有機會出現利潤。

「上影線」是賣出壓力極強的標誌。此時買進風險大，必須避免。

下面我們舉了三檔IPO最開始的股價周線圖，有些投資人因為對新股票有著很大的想像空間（當然，也是受到媒體吹捧的影響）新股一上市就急著買進，但搶IPO第一棒很容易讓資金套牢，尤其是首開第一根K線就出現上影線，不管收黑還是收紅，表示有人急著要賣出，如此賣出壓力強度很大，之後股價極有可能下跌。從這三個例子看，對待IPO冷靜的判斷是多麼重要。

當然，也不能説只要是一開始的價格出現上影線就要永久列為拒絕往來戶，若是一陣跌勢之後，出現明確的買進標誌，還是可以進場買進，因為會讓企業在股票市場公開交易都有相當的準備，只是若一開始就出現大賣壓，將延後上市的蜜月期。

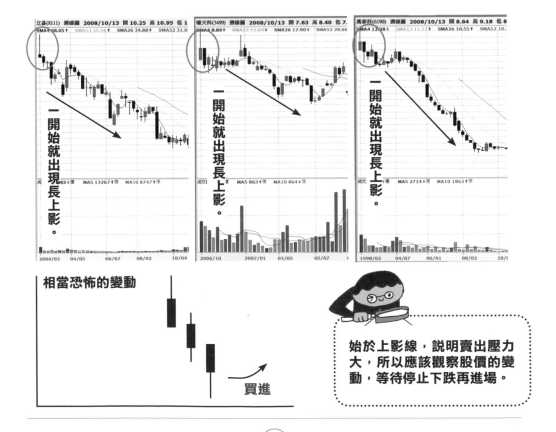

相當恐怖的變動

買進

始於上影線，說明賣出壓力大，所以應該觀察股價的變動，等待停止下跌再進場。

7:第一價，上下影線同長

K線如果上影線和下影線同長代表著什麼呢?這表示在同一交易時間買方一度氣勢旺盛的將股價推高到很高的位置，但同時賣方也不示弱，一度把價格壓到相當的低點。出現這樣的K線形狀，叫人無法知道接下來是要漲?還是要跌?

作為投資標的，一開始就出現上下影線同長的現象，最好先等待，因為漲跌目前無法估計，為了提高資金效率，還是不要輕易出手。

若是很想持有這樣的IPO股票，應該多從基本面上下手，在盤整不定的行情中一旦出現明確的利多題材，股價會開始表現，例如本例中的群創(3481)初上市的幾個月，行情呈現膠著不上不下，但12月以後拜營收大成長，這一個利多題材把股價過去被壓抑的好消息一塊兒反應，短期就成長了3倍。

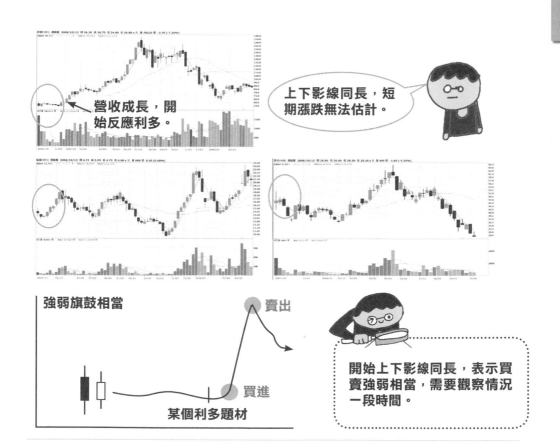

營收成長，開始反應利多。

上下影線同長，短期漲跌無法估計。

強弱旗鼓相當

賣出

買進

某個利多題材

開始上下影線同長，表示買賣強弱相當，需要觀察情況一段時間。

Day7

神鬼交鋒談主力

主力是行情的催生者，
主力也是行情的毀滅者，
若說低價股與小型股交易
是散戶與主力的鬥智鬥力之爭，
也不過份。
投資可以很天真，
但至少該知道股票世界真的有壞人！

主力股,長什麼樣子?

小型股是主力股的寶庫。如果不瞭解主力股的真正面目,無法對主力股投資。事實上,如果不了解主力股的特性,就最好別投資小型股!

先解釋主力與主力股之間的異同。

白話來說,凡是有辦法用錢買賣股票興風作浪進而大力影響股票漲跌的人或機構都可以叫做主力。所以「主力」主要是指影響力最大的那個人或單位,像外資、投信、自營商還有其他主力像:勞退基金、國安基金、退輔會基金、郵政基金都算。

但一般講「主力股」指的是籌碼不停的被主力鎖定,所以叫主力股。主力股大部份為中小型股,籌碼較容易控制,在市場上流通的籌碼少,且股票經主力鎖住後,如果此時發布有利的消息自然容易吸引散戶的追價。

所以,法人可以扮主力 但是主力不必一定是法人 。

觀察重點:成交量與周期

主力股有著超強的小型股善變特色,要掌握住股票變動並不容易,但若觀察過去的股價圖,以六個月左右為間隔看成交量,會覺得很有趣,主力似乎每隔一段時間就集合進場一次。

主力股若結合了公司派可以簡單進行資訊操作,而主力股即使不進行特意宣傳,行情只要開始變動就是很好的題材。因為投資人會對該股票過去曾經飆漲的歷史留有印象,一旦行情啟動就容易進入「買進後上漲,上漲後買進」的迴圈。

掌握了出現這種循環的小型股採「趁早購入,提前逃離」就是賺錢的方法。

網路論壇,主力也會放消息哦!

投資人應該偶而會上網路論壇吧!在論壇上,大家有時會互相驕傲的宣佈自己的獲利成果。甚至也有人用幾千元的價格銷售自己的「主力股明牌」也許這些網友是自己熟識的,不過,對於這些發言,卻不能不打折扣。

為什麼呢?

因為很多情況下,網友是帶著「希望它上漲」的期待發布訊息的。

有時候行情也會如網友所說的一樣上漲。若每天關注股票論壇的投資人可能會看得心裡很不是滋味,一者,網友所推薦的股票真的漲了,但又不敢買。若是不買,好像喪失了賺錢機會。

其實,這種準確的機率大約是一半一半。

如果留意這些網路資訊,你可能會發現,許多「明牌股」真是一直猛漲,但此時一定要冷靜哦!

只要是網路上的交流區或論壇,資訊都是魚龍混雜。在這裏再強調一次,股票投資中最恐怖的就是被資訊操作所迷惑。

● 投機的主力股股價圖特色

1.暴漲暴跌沒有邏輯(範例:某企業的日線圖)

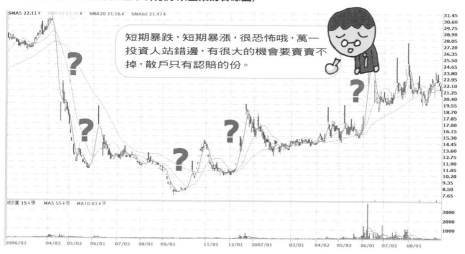

短期暴跌,短期暴漲,很恐怖哦,萬一
投資人站錯邊,有很大的機會要賣賣不
掉,散戶只有認賠的份。

2.從成交量可看出特定個股變動有週期性(範例:某企業的週線圖)

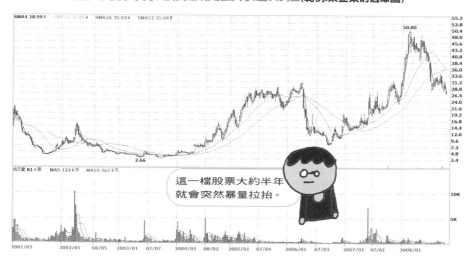

這一檔股票大約半年
就會突然暴量拉抬。

主力總是趁勢出現

主 力股常用的一個手法，就是在拉抬特定對象時會對旗下會員公佈該股的「目標股價」。

比方主力已經向會員們宣稱要把美美股價從10元做到50元，因此，會員們就開始買進，而這種主力目標股價可能從10元上漲到20元，甚至漲到35元，但更多的時候根本沒有有謂的50元行情，不過，很多散戶在10到35元已經嚐到甜頭，很容易堅信並繼續等50元的行情。

為什麼主力要玩這種手法呢？

主力們低聲私語的「目標股價」，有可能是主力大戶們讓散戶在高價繼續持有（或買進），以留空間讓自己賣出逃離的戰略。如果陷入這種陷阱，就會身負重傷。

不僅僅主力有目標股價。證券公司「叫進」的目標股價有些也是用來讓VIP客戶用於賣出逃離的（當然，他們是不會承認的）。

用比較極端的比喻來說，互相欺騙才能形成股票世界也不為過。

在盤整局面下出動

一般而言，主力股在任何時候都可能出現，但是，當行情處於上漲時，因為各式的題材股都暴漲，所以主力股的變動就不怎麼顯眼。

反之，如果行情清淡的時期因為這時沒有什麼特別有趣的股票，主力一操作股價行情變動就很顯眼。

沒有魅力的個股與題材時，能夠呈現精彩直線上升的企業更容易聚集投資人的目光與資金。進而拉抬行情，對主力操控市場而言可以少花一些精力。

成功後主力股一個接一個變動

再者，當某檔個股主力操作成功後，一旦出現資金餘裕，其他主力股也很容易一個接一個的出現。這樣一來，主力操控的股票很多，投資機會也增多。也有可能因此形成「整體上漲」的局面。

從這個角度來看，有時候小型股股價的變動，一開始並不是由於主力的進駐，而是先由散戶買進，主力跟進而形成多頭的上漲局面，這種情形很容易理解，因為有幾檔主力操作成功的個股上漲了，散戶會認為，其他低價股也會跟著上漲，所以先行布局，如此「買進引來更多的買進」。

要如何掌握住這種上漲的「投機機會」呢？

交易方式應該很明顯，一旦有些小型低價股已經成功的開始拉高行情了，投資人最好不要再追高，應該開始著墨在行情尚未大肆反應的小型股，爭取「伏擊買進伏擊賣出」的機會，就有可能"捉"到蓄勢待發的上漲股。

● 股票世界常常是互相欺騙以謀取暴利

只要出現「目標股價」的字眼,都要持保留態度

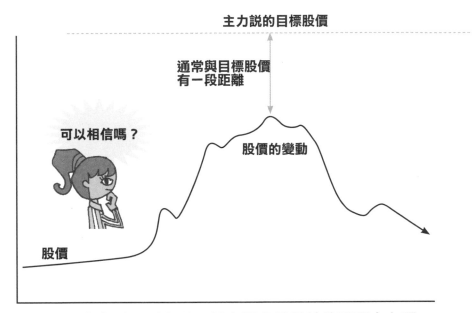

如果一個主力股順利上漲,就有機會引發其他股票也上漲

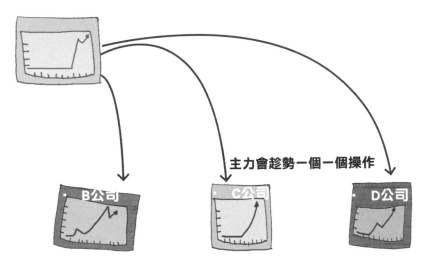

股市裡真的有壞人

當整體行情上漲疑似主力介入的小型股也一個個不斷上漲時，就很難界定上漲的理由是什麼了。

「上漲」本身就是最有力的題材

上漲時期資金到處竄流，也出現很多股價暴漲到5～6倍的個股。這個時候自己認為「勢單力薄」總是捉不到主力飆股的散戶會怎麼想呢?

「看來，還是加入投顧會員吧!」

「若能捉到主力正在拉抬的股票，幾萬元的入會費就不算什麼!」……

小心哦～如果你的心裡也萌生這樣的想法時，一定要先冷靜幾天，入會雖然是個人的自由，但這往往也是股票失利的第一步。

當行情好，投資人愈希望能掌握到主力股時，就讓有心人士愈有機可趁，因為「上漲」本身就是一個有力的題材，它的強度往往勝過基本面勝過業績勝過產業勝過一切的一切，只要網路上或市場上出現「oo大戶介入oo」而那檔股票又正好處於上漲的途中，投資人一定會心裡認為「對，那就是主力正在拉抬的對象」而糊里糊塗的加入會員，想要跟上「主力的腳步」。

事實卻是，當從日K線中看不到陰線，每天都是陽線陽線一直上衝時，一定要機警的意識到:「有某人正在等著行情上漲到一定程度獲利了結」。

從高價已經下跌，還會一直宣傳

上漲是最好的題材，這樣的題材越到高價，就越會有更多資訊來撐住這個高行情，所以，有辦法的主力就是總能讓媒體資訊或網路耳語一直不斷的增加新的業績題材或任何利多消息。而主力多半會在他的VIP會員在獲得利潤並賣出逃離之前，一直宣傳下去。

他們宣傳利多手法有那一些呢?

方式五花八門，例如，OO股已經雙底形成，反轉上漲。還有更加一本正經的資訊，像「KD黃金交叉+均線多頭排列。下周閉著眼睛都可以持續買進……」而誇大產業的未來更常見。

技術線圖是可以做出來的，資訊更可以選擇性被公布。如果散戶投資人相信了這些，剛好中了他們的圈套，事實上，這些主力拉抬者可能一手放利多消息一手正不斷賣出。

為什麼主力還要持續宣傳"有更高價"呢?很有可能是主力大戶尚未完全出脫手中的持股，總是要做一些利多消息把人吸引進來，好把手上已經被炒貴了的股票賣出去。

在股票世界裏，能控制"欺騙"局面的人往往成為勝者。雖然看起來很不公平。而這不是只有投顧老師採用的手法而己，其中也包括證券公司發佈的資訊。因此，投資人一定要學習巴菲特堅持獨立研究個股的態度，摒棄似是而非沒有用而且常常是反向的資訊雜音。

● 主力很善於打資訊戰與心理戰

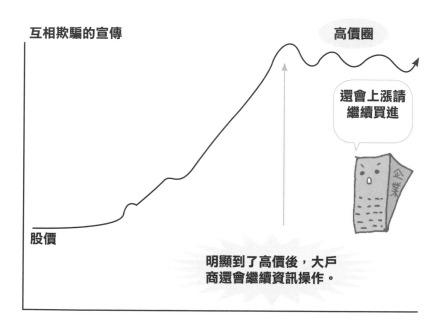

互相欺騙的宣傳

高價圈

還會上漲請
繼續買進

股價

明顯到了高價後，大戶
商還會繼續資訊操作。

為了吸引高價買進的投資人，主力很善於資訊操作，要小心!

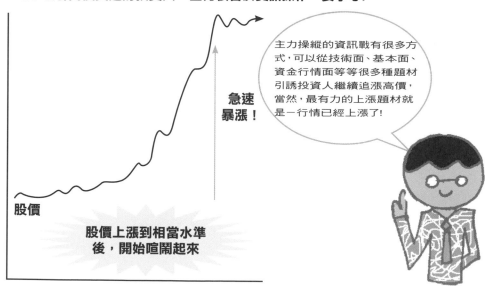

急速
暴漲！

股價

股價上漲到相當水準
後，開始喧鬧起來

主力操縱的資訊戰有很多方
式，可以從技術面、基本面、
資金行情面等等很多種題材
引誘投資人繼續追漲高價，
當然，最有力的上漲題材就
是一行情已經上漲了!

投顧，是天使也是魔鬼

提到主力，就不得不談到投顧。因為主力很多是由投顧從業人員（投顧老師）在暗中活動。

投顧公司的主要收入是吸收會員和代客操作，主要支出是媒體宣傳費。部份分析師與投顧公司是合作關係，無底薪可領，所以吸收會員的會員費是他們重要的收入來源。

會員數掌握投顧的命運

原則上，投顧從業者主要的收入並不是自己投資股票賺錢，而是會費，其中包括機關團體、公司到散戶投資者。但是，有些投顧公司其母公司是證券公司或金控集團有的則是擁有眾多中實戶會員，因此，有些投顧也扮演主力的角色。

投資顧問業是一項顧問工作。為了提高營業成績，除了爭取金融機關、宗教團體或者資產家成為客戶外，也會大量的吸收一般會員。

在投顧這一行若只有財力雄厚的VIP客戶，氣勢是無法形成行情的，最好的方式是同時擁有眾多小會員才能隨心所欲的操控行情。

在主力戰中繳納了很多會費的貴賓級會員總是有優先權利。一般會員最後才會得到好處，而且失敗時損失會很大。

有價值的資訊不會降臨散戶

投資人一定要有個現實的觀念，股市雖然是個公開公平的市場，但絕不是個慈善事業，更沒有什麼便宜可以撿，如果你只是一般的會員，更不可能單憑繳會費就能早早取得能賺進數倍利潤的股票明牌，再說，如果他「報」給你一檔目前沒有任何動靜的低價股，你或許也不會相信將來有一天他會把股價「做」上去吧！

這裡的意思並不是說「投資顧問業=騙」。不過，只支付少少會員費的投資者，幾乎不可能得到有價值的資訊。

有一位熱心的投資顧問營業員說過「我們的工作是讓投資者好好學習股票投資，讓他們自己能夠投資。」

對投顧業者而言，他們把資訊告訴散戶投資人是其「服務項目」，但是，散戶即使每一季繳交20萬元的會費這跟每一個月投資數百萬元的法人會員相較完全無法相比，所以憑著散戶的資金能力，和投資顧問打交道沒什麼好處。

最糟糕的是，若主力無法順利的把行情「做」上去，最先被犧牲的就是散戶會員。

平時無法取得投資成績的投資者，迫切的希望取得飆股資訊，這樣反而是作繭自縛。

● 一個人（企業）也可以催生主力股，不過有會員更好辦事

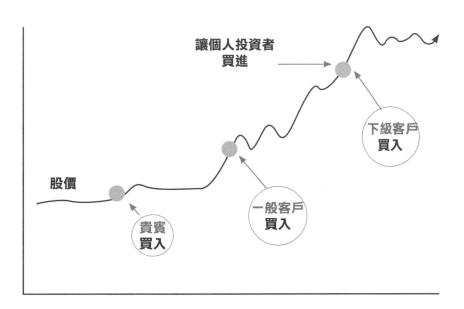

讓個人投資者
買進

下級客戶
買入

一般客戶
買入

股價

貴賓
買入

行情的形成需要很多會員

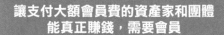
讓支付大額會員費的資產家和團體
能真正賺錢，需要會員

如果沒有用於抬轎行情的會員，
就很難讓貴賓賺錢。這樣一來，
就會失去貴賓的信任

【説詞】
成為了我們的會
員，股票投資就
會很順利。我們
讓你賺錢！

投顧業者

善打煙霧彈的投顧老師

看過電視投顧老師節目的人,對於他們自己宣稱「大成功」的報告一定不陌生,雖然每一位觀眾第一次的時候一定會發出「真的假的,有這麼厲害嗎?」的疑問,但那些高額的獲利資訊在耳邊聽久了,會開始心動的人一定不少。對於普通會員,投顧會宣傳過去的「投資成績」。有些投顧偶而也會把自己失敗的操作跟電視觀眾們說明,不過,恐怖的部份並不在於投顧的操作成績是賺了?還是賠了,而是投顧一直不斷放送的煙霧彈,讓一般散戶心裡狐疑:雖然不是太清楚,但總覺得這位老師所講的可能是一檔有主力介入的個股。

真大戶在初期階段一定不會公開

不管投顧老師在電視上講了什麼,總之,他一定不會讓事實明朗。

為什麼呢?

因為如果明朗化,投顧的戰略秘密就會暴露。

股票的主力戰一旦浮上檯面後,從某種意義上講,將會失去它的價值。真正照料主力股的人,在股價形成初期階段絕對不會讓個股資訊和股價目標明朗化。他們安靜的吸收籌碼。真正大戶在結束買進之前,是不會洩露資訊的。他們總會在買進結束後,才讓企業的好消被傳開來。此時,股價才能一口氣上漲。

在這種上漲局面下,投顧才會開始將被列為普通會員的資金導入。若是順利的話,他們並不會只拉抬一檔個股,通常會有幾個顧問公司一起行動,對行情進行裝飾。此時,水面下真正的大戶已經開始獲利出脫了。而那些在高價買進的,都是從會員論壇得到資訊的普通投資者。

股票世界中,有一句話説「瞭解了就結束了」當投資人已經知道這是一檔有主力介入的股票時,行情也正好要結束了。如果不瞭解這樣的實際情況,就會在荒唐的高價買進。

投顧不一定只做小型股

有實力的投顧業者其貴賓客戶不一定只有一般法人與有錢人,其中也有可能包括金融機關,這是很合理的推論。不管怎樣,當主力需要動用巨額資金時,巨額的資金不僅投入到小型股,還會投入中、大型題材股。

只要上漲,事情就好辦了。只要有足夠強力的題材,就可能製造行情,讓外國人、機關投資者、散戶一起把行情衝上去。當主力股遇到千載難逢的機會時,有時甚至連財經類的雜誌都會被動員。所以,雖然主力股以小型股為中心,有時隨著資金規模的變化,而延伸到中、大型股。基本上,中、大型股的變動壽命比較長,散戶有充分的時間參與。但不管是那一種股,熱鬧場面後到達了高價,這個階段最好不要追隨。

● 永遠的戲碼:了解了,就結束了

戲碼一:主力買完了再放利多消息

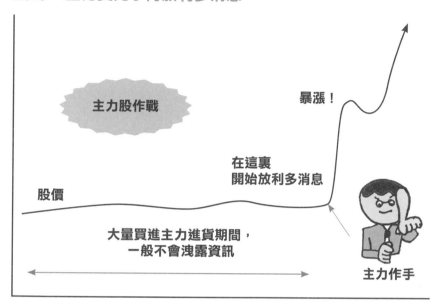

主力股作戰

暴漲!

在這裏
開始放利多消息

股價

大量買進主力進貨期間,
一般不會洩露資訊

主力作手

戲碼二:為了VIP,讓小會員做為犧牲

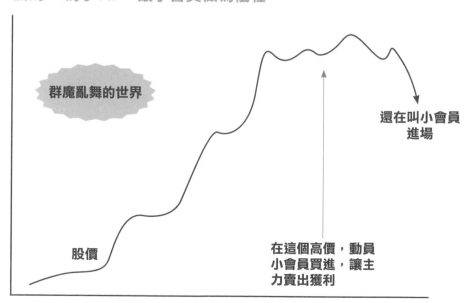

群魔亂舞的世界

還在叫小會員
進場

股價

在這個高價,動員
小會員買進,讓主
力賣出獲利

投資，除了DIY沒有捷徑

現在的時代，個人資訊容易洩露。最常見的就是上網。比如，在論壇上寫東西時，有時需要ID和密碼。一般人只是很單純的想要在論壇上寫點東西，但對有心人而言卻可借此獲得寶貴的資料。許多主力作手和投顧業會先取得論壇上的網友資料，再想辦法與投資人接觸。

目的當然就是希望投資人成為會員。尤其是股票新手，很容易因為對方的某些說詞而成為會員，說實在的，若投資人的損失只是幾萬元的會費也就罷了，最嚴重的莫過於不小心成為別人倒貨的「最後一隻老鼠」。因此，要對於那些標榜很便宜的入會費或是「免費會員」特別產生戒心。這樣子說也並非只要對方收取很貴的會費就是好的，而是，投資一事本來就應該自己獨立判斷，就像第一天所介紹的巴菲特操作方式，總是要自己研究並耐心等待。尤其是小型股投資，自己的風格更顯重要。

某個會員的遭遇……

要講加入投顧會員而受害的故事實在太多了，但情節大概跟以下的故事一樣換湯不換藥——

小林是一位退休教師，在網路上認識了任職於某投顧公司的經理，一開始小林並不清楚投顧的性質是什麼（事實上小林花了很久的時間才知道原來投顧跟投信不同），只知道對方很熟股票的知識也很會判斷行情，只要有不懂的股票術語請教他，對方都能用很清楚的方式熱心的解答。

後來，這位網友就以友情價的價格讓小林成為投顧公司的會員。最初階段小林賺了一點。但後來，股價一直下跌到谷底。小林很不安，於是問投顧「已經不能買進了吧」，對方卻回答「還會繼續上漲，在這裏賣出划不來。再買一些。」結果，損失慘重……

如果自己進行投資判斷，一般都會半信半疑的想「應該是自己判斷錯了，停損出場吧！」可是，一旦支付了高昂的會費，就會想「這可是主力的明牌，不會錯的」於是越陷越深，遭受巨大損失。

投顧公司當然希望能做到所有的會員都賺到錢，不過，像小林發生的事情是常有的，即使是美國總統對自己國家的股票行情都無法掌握了，更何況是投顧公司！

對於任何人來說，投資在最低價買進、最高價賣出是最理想的。但是實際上，事情不會如此順利。股價沒有絕對。唯有「在好的時機買進賣出」才會賺錢。因此，要重視自己獲利的機率。如果對高價行情窮追不捨，獲利機率會變低。如果很有個性的堅持「在這附近就是要賣出了」，並且無論得到了什麼資訊都堅持賣出才是明智之舉。

● 委託他人進行投資判斷，反而失去自己風格

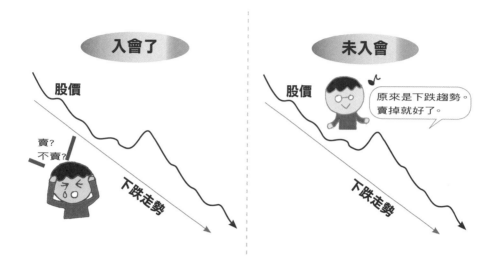

主力股與主力進出表中的「主力」不同，主力是單筆100張以上的單就稱為主力單，所以，只要你單筆下100張以上的單就都稱為主力，而這些上百張的單加減後就成了當日的主力進出而主力庫存則是之前這些上百張的單所留的餘額。

台積電(2330) **13:30:05** 46.55s ▼1.65 -3.42% 16533張

	主力進出						
買超券商	買進張數	賣出張數	買超張數	賣超券商	買進張數	賣出張數	賣超張數
	7,003	111	6,892		0	9,731	9,731
	8,559	1,771	6,788		1,741	10,506	8,765
	5,669	406	5,263		2,064	7,610	5,546
	5,466	857	4,609		2,628	7,378	4,750
	3,181	475	2,706		185	4,078	3,893
	3,615	1,210	2,405		3,289	6,749	3,460
	2,149	502	1,647		631	2,416	1,785
	2,296	1,018	1,278		1,164	2,117	953
	1,338	491	847		430	1,036	606
	983	183	800		133	569	436
	816	69	747		0	350	350
	1,963	1,238	725		4	346	342
	730	22	708		279	404	125
	621	0	621		119	224	105
	1,267	712	555		9	51	42

· 國家圖書館出版品預行編目資料

7天，學會低價股&小型股的獲利倍翻法/新米太郎
編著.
臺北市：恆兆文化，2008.09
面；　公分
ISBN 978-986-84148-6-0（平裝）
1.股票投資 2.投資技術

563.53　　　　　　97015431

7天，學會低價股&小型股的獲利倍翻法

投資002

出版所	恆兆文化有限公司
	Heng Zhao Culture Co.LTD
	www.book2000.com.tw
發 行 人	張正
作　　者	新米太郎
封面設計	羅宜凡
責任編輯	文喜
插　　畫	韋懿容
電　　話	+886.2.27369882
傳　　真	+886.2.27338407
地　　址	台北市吳興街118巷25弄2號2樓
	110,2F,NO.2,ALLEY.25,LANE.118,WuXing St.,
	XinYi District,Taipei,R.O.China
出版日期	2008年11月初版一刷
Ｉ Ｓ Ｂ Ｎ	978-986-84148-6-0（平裝）
劃撥帳號	19329140　戶名　恆兆文化有限公司
定　　價	299元
總 經 銷	農學社股份有限公司　電話　02.29178022

MNB